나는 샌프란시스코로 출근하고 서울로 퇴근한다

나는
샌프란시스코로 출근하고
서울로 퇴근한다

유성희 지음

창작시대사

I go to work in San Francisco and leave for Seoul

순간의 선택이 평생을 좌우한다! 미국 은행 서울지점에서 3개월간 계약직 직원을 채용한다는 이야기를 들은 친구들은 계약직에는 관심이 없다고 말했다. 그러나 다양한 경험을 해보고 싶었던 나는 국내 은행과는 뭔가 다를 것 같은 미국 은행의 조직문화에 흥미를 느끼며 단기 계약직에 즉시 지원서를 냈다.

3개월간의 임시직인데도 불구하고 몇 단계의 시험을 치렀다. 영어로 된 수학문제를 풀고 영어 신문을 큰소리로 읽고 해석도 했다. 인터뷰를 할 때는 대차대조표와 같은 금융용어와 은행이 하는 업무에 관한 질문도 있었다. 그런 과정을 통과하고 체이스맨해튼은행에 출근한 것이 1983년이었다.

성실한 자세와 열정적인 업무태도는 모든 조직에서 통한다는 것을 증명하듯이 3개월간 계약직으로 일을 시작했으나 한 달 만에 정식 직원이 되었고 그때부터 36년간을 미국 은행에서 근무하게 되었다. 순간의 선택으로 평생직장을 만났다.

"어느 길로 가야 하는지 가르쳐 줄래요?"

"어딜 가려는지에 따라 답이 달라지겠지."

"어디든 별로 상관없는데."

"그러면 어느 길로 가든 상관없겠네."

루이스 캐럴의 《이상한 나라의 앨리스》에 나오는 말이다. 후배들이 내가 자신들의 롤 모델이라고 한다. 가능하면 끝까지 직장생활을 하다가 나처럼 정년퇴직을 맞이하고 싶다고 한다.

오랫동안 어떻게 주위에 사람들이 모이게 하는지, 일로 만난 그 많은 사람들과 변함없이 좋은 관계를 유지하는 노하우를 알려달라고 한다. 그 비결이 무엇인지 궁금하다며 나를 바라본다.

그 답은 의외로 평범하고 간단하다. 나는 알맞은 때에 알맞은 자리에 있으려고 노력했다. 회사에 있어야 할 때와 가정에 있어야 할 때를 구분했고, 나서야 할 때와 참고 기다려야 할 때를 고민하며 살았다. 고객을 만나서는 피상적이고 단순한 만남이 아니라 깊은 인상을 심어주고 공감대를 형성하려고 항상 준비했다. 대화의 수준을 사소한 잡담 이상으로 끌어올리려고 노력했다. 함께하고 싶은 사람이라고 나를 기억하도록 최선을 다했다.

업무로 만나는 사람들과 네트워크를 형성한다고 생각한 적이 없다. 만나면서 친구를 사귀어 갈 뿐이었다. 가능하면 먼저 친구의 마음을 이해하려고 노력했고 생각을 함께 나누는 시간을 꾸준하게 가졌다. 사람들과의 좋은 관계는 의도해서 만든 것이 아니라 의도하지 않은 결과로 나타났을 뿐이다.

그간의 직장생활을 돌이켜보았다. 가정이나 직장에서도 드라마틱한 무수한 일들이 있었다. 그런 세월을 모두 이겨내고 마켓의 중심에 서서 열정적으로 일을 하다가 정년을 맞으면서 직장과 인생의 후배들에게 도움이 되는 일이 무엇일까 생각해 보았다.

36년간을 미국 은행에 다닌 직장 선배로서 후배들에게 글로벌 은행이 하는 업무, 문화, 조직에 대한 분위기를 소개하고 싶다. 국내 시장을 아는 것만으로는 앞으로의 경쟁에서 승리를 하기 어려운 환경이다. 지금에 만족하며 편안하게 안주하는 범위에서 벗어나서 바깥 세상에 관심을 갖기를 추천한다. 당신만의 전문 분야를 체계적으로 정리하기를 권한다. 그것이 당신의 힘이 되고 사람을 끌어당기는 매력 포인트가 된다. 사람들은 당신을 찾아와서 곁에 머무르고 싶어 할 것이다.

'그녀는 프로다, 프로는 아름답다'는 광고 카피를 마음에 새기며 프로다운 엄마 직장인이 되고 싶었다. 넉넉한 용돈을 건네주는 일하는 엄마가 되기보다는 많은 사회경험을 통해서 깨달은 풍부한 지혜를 전해주는 멘토 같은 엄마가 되려고 노력했다. 그런 이야기를 사랑하는 후배 워킹맘에게 들려주려고 한다.

아내이자 엄마로서 그리고 직장인으로서 인생의 전반전을 성공적으로 마무리했다. 지금 이 순간부터 새로운 나의 후반전을 시작한다. 이제부터는 내가 하고 싶은 일을 하면서 살기로 했다.

사람을 일으켜 세우고 성장시키는 일을 할 것이다. 사람의 잠재력을 끌어내고 자신감을 회복시키는 코치의 길을 선택했다. 자신의 숨겨진 끼와 능력을 보지 못하고 의기소침해 있는 사람들의 손을 잡고 앞으로 나아갈 것이다. 그들이 가능성을 찾고 희망을 볼 수 있도록 격려하고 응원하는 소중한 일을 할 생각에 마음이 설렌다.

나 자신을 위한 셀프코칭을 하면서 숨겨졌던 연극배우로서의 꿈을 찾아냈다. 환한 조명을 받으며 다른 사람의 삶을 이야기하는 배우로서 무대 위에 서 있는 나는 행복한 사람이다. 더 깊고 더 넓은 인생의 마디마디를 무대에서 풀어내기 위해 인생의 후반전도 차곡차곡 채워 가리라.

남기성 회장님을 포함한 11명의 대학원 학우들의 격려와 응원 덕분에 글을 썼다. 은행에서 겪었던 많은 에피소드가 떠오를 때마다 함께 근무했던 나의 은행 동료들과 사회에서 만난 친구들에게 고마운 마음이 새록새록 들었다. 추억 속에 있는 그분들이 보고 싶다. 나의 인생 후반전에서 감성부분과 문화생활을 함께 나누는 이촌 마을극단 여러분에게도 고마움을 전한다. 항상 내 편에 서서 응원과 격려를 해주는 정현, 효정, 경숙이를 포함한 소중한 친구들이 있어서 행복하다. 나를 자랑스러워하는 엄마와 오빠들, 조카 모두와 하이파이브를 한다. 언제나 나의 얼굴에 미소를 띠게 하는 멋진 두 아들이 있었기에 오늘의 내가 있음을 고백한다. 자랑스러운 승하와 정하야, 고맙다. 끝으로 나의 든든한 버팀목이 되어준 대중공작소 유대중 소장님께 사랑한다는 말과 함께 이 책을 전한다.*

Chapter 3

In the Cafeteria
글로벌 은행에서 근무해볼까?

Chapter 4

Lunch Together
글로벌 은행에서도 뽐내기는 필요하다

Chapter 5
Afternoon Meeting
글로벌 은행은 이런 일도 한다

Chapter 6
Casual Dinner
글로벌 은행에 배우러 왔다

Chapter 7

Ciao with Wine
새로운 길을 떠나는 가방을 싸다

Chapter 8

Safe trip back!
서울로 퇴근하다

Chapter 1

Welcome to U.S.A.

"나는 샌프란시스코로 출근한다"

"샌프란시스코로 가는 국적기로 예약해주세요. 네. 비즈니스석이요. 뭐라고요? 자리가 없다고요? 그럼 일단 웨이팅으로 부탁합니다."

웬일이야. 아직 3주는 남았는데, 벌써 비즈니스석이 만석이라고? 무슨 일이 있나? 갑작스럽게 출장 계획이 잡혔다. 샌프란시스코에 있는 본점에서 3주 후에 연수를 받게 되어 담당 여행사와 통화를 했는데 자리가 없다고 했다.

인터넷 온라인을 통해서 예약할 때보다 보통 15퍼센트 이상 비싼데도 항공권과 호텔을 예약할 때는 은행에서 지정한 대행업체를 통해서만 예약과 구매를 해야 하는 내부규정이 있다. 내가 출장을 가려는 그 주일에 샌프란시스코에서 큰 박람회가 개최될 예정이라 모든 좌석이 이미 만석인 상황이었다. 며칠이 지나도 비즈니스석에 자리가 나지 않았다.

본점에 그 상황을 알렸다. 본점에서 갑자기 출장을 오라고 했으나 항공편 상황이 안 좋으니 나로서는 다른 방법이 없었다. 다음 날 본점에서 이메일 회신을 받았다. 꼭 참석해야 하는 연수이니 퍼스트클라스석이라도 타고 와야 한다고 했다. 헉. 정말? 아싸, 퍼스트클라스로 간다!

비행시간이 6시간 이상인 출장을 가는 경우에는 직급에 상관없이 비즈니스석을 타도록 되어 있다. 시기에 따라 다르지만 보통 뉴욕 맨해튼이나 샌프란시스코로 가는 직항인 경우 이코노미석은 왕복 2백만 원 정도고 비즈니스석은 그 두 배가 훨씬 넘는다. 그렇지만 6시간 이상을 좁은 의자에 앉아서 가면 피곤하여 업무에 집중하기 어렵다며 직원의 컨디션을 보호하기 위해 비즈니스석을 타도록 되어 있는 이 규정은 나이나 직급에 상관없이 모든 직원에게 동등하게 적용된다.

한동안 외국 프랜차이즈 패밀리 레스토랑 중에 직원들의 서빙 자세로 주목을 끄는 곳이 있었다. 의자에 앉아 있는 고객과 눈높이를 맞추기 위해 직원이 낮은 자세로 앉아서 주문을 받는 식당이었다. 보기에 어색하기는 했지만 고객에게 정성을 다하여 서비스하려고 노력하는 모습이 돋보였고 그런 서빙 태도가 입소문을 타서 그 식당은 큰 인기를 얻었다. 위에서 내려다보기보다는 고객과 눈높이를 맞추는 이 낮은 자세의 인사를 비즈니스석을 타면서 또 다시 경험하게 되었다.

경륜 있는 사무장이 미소 띤 얼굴로 다가와 내 옆에 낮은 자세로 앉아서 내 이름을 부르며 목적지까지 편안하게 모시겠다고 깍듯하게 인사를 한다. 어떻게 내 이름을 알았지? 살짝 민망하였지만 내가 승객으로서 한층 소중하게 보살핌을 받고 있다는 생각이 들면서 일반석인 이코노미석을 탔을 때와는 격이 다른 차별화된 서비스를 접하였다.

식사시간이 되면 식탁 위에 다림질이 빳빳하게 잘 된 식탁보를 깔아주고, 일류 호텔 레스토랑에서 코스요리를 먹는 것처럼 전채요리부터 메인 요리를 차례차례로 정성껏 서빙한다. 모든 식기는 유리와 사기그릇과 스테인리스로 일회용품이나 플라스틱 재질이 아니다. 질 좋은 와인은 무한 리필이고 과일, 치즈, 아이스크림도 여러 종류가 있다. 주는 대로 다 먹었다가는 비행기를 타기 전보다 체중이 2kg 정도 늘 것 같은 염려도 있지만 비즈니스석을 타면서 누릴 수 있는 즐거움이다. 글로벌 은행이 직원들에게 제공하는 복지제도를 피부로 느끼는 순간이다.

비즈니스석에서 제공하는 많은 음식 중에서 내가 가장 좋아하는 메뉴는 콩나물과 파를 적당하게 넣어서 전자레인지로 끓인 라면이다. 아삭거리는 콩나물과 면을 먹고 뜨겁고 칼칼한 국물을 후루룩 마시면 오랜 시간 꼼짝 않고 자리에 앉아 있어서 갑갑하고 찌뿌둥한 기분이 싹 사라진다. 일반 이코노미석을 탈 때 가장 아쉽고 생각나는 것은 비즈니스석에서 먹을 수 있는 콩나물 라면이다.

국내 은행은 고위급 임원과 함께 출장을 갈 때 임원은 비즈니스석을 타고 일정 직급 이하의 직원은 이코노미석을 탄다. 그런데 비행기에서 내려서 그 다음 스케줄을 챙겨야 하고 짐을 찾아야 하는 아래 직원은 이코노미석인 뒤편에 앉았음에도 불구하고 비즈니스석에 앉은 임원보다 먼저 내리기 위해 발을 동동 굴러야 한다는 이야기를 듣는다. 직원들의 복지후생의 수혜 범위를 정할 때 직급이 아닌 비행시간으로 구분하는 글로벌 은행의 판단 기준이 합리적이고 논리에 맞다. 국내 은행도 적극적으로 고려해 볼 문제다.

또한 출장 중에 묵는 호텔의 등급과 식사에 허용되는 비용도 글로벌 은행에서는 모든 직원에게 동등하게 적용되기 때문에 일행은 대부분 같은 호텔에 묵는다. 같은 호텔에서 숙박을 하면 출장에 필요한 현안미팅을 하기도 수월하고, 사무실을 떠나 조금 바뀐 분위기에서 직원들 간에 마음을 열고 대화하기가 편해진다.

같이 출장을 갔음에도 임원은 5성급 호텔에 묵고 대리는 3성급에 묵는 것은 비용은 조금 절약할 수 있지만 아래 직원을 여러 면에서 불편하게 한다. 글로벌 은행과는 다르게 현재 대부분의 국내 기업 문화에서는 아래 직원은 임원이 체크인을 하고 룸에 들어가는 것까지 확인한 다음 본인의 호텔에 가서 체크인을 해야 하고, 식사 장소로 이동하기 위해서는 임원이 묵는 호텔까지 다시 와서 그분을 모시고 가야 한다.

행여 저녁 늦게라도 긴급 현안이 발생하면 임원이 묵는 호텔로 달려와야 한다. 출장을 와서도 긴장의 끈을 놓지 못한다. 업무에 따른 어느 정도의 긴장은 불가피하지만 물리적인 환경 때문에 몸이 힘든 상황은 제도적으로 보완되어야 한다. 또한 이런 분위기 속에서 아래 직원이 느끼게 되는 자기 효능감의 저하와 자존감의 상실도 고려해야 한다.

각 나라마다 조직문화와 노동법이 다르기 때문에 글로벌 은행의 본점과 해외지점 간에 직원에게 제공하는 복지후생 제도는 조금씩 다르다. 그러나 외부 고객을 중요하게 생각하는 것만큼 내부 고객인 직원들을 동등하게 대우한다는 기본 방침은 철저하게 지킨다. 미국 은행이 가장 중요하게 생각하는 평등은 인종, 종교, 성별 등에 차별을 두지 않는다. 또 사람은 사람이라는 이유 하나만으로 동등하게 대우받아야 한다는 기본 원칙을 가지고 복지후생의 적용 범위를 정하고 있다. 멋지면서 당연한 원칙이다.*

02
리무진에서 웰컴 초콜릿까지

　처음 미국으로 출장을 갔을 때가 26세였다. 혼자서 출장을 갔기 때문에 많이 긴장했다. 머릿속으로 비행기에서 내려서 호텔까지 가는 길을 여러 번 이미지로 그려보고, 예약한 호텔 주소와 전화번호를 적은 종이도 손쉽게 꺼낼 수 있는 곳에 두었다.

　출장이 확정되면 본점에서 출장에 관한 가이드 패키지가 온다. 출장을 가는 지역에 관한 모든 정보가 담겨 있다. 공항에서 호텔까지 가는 방법, 평균 소요시간과 예상되는 교통비, 날씨, 사용 화폐, 시차, 근처에 있는 식당과 쇼핑몰에 관한 정보를 상세하게 알려준다.

　연수에 참가하는 직원은 공항에서 픽업 서비스가 제공된다고 출장 가이드북에 적혀 있었지만 혹시나 하는 마음으로 혼자서 호텔까지는 찾아갈 수 있도록 나름대로 만반의 준비를 했다.

드디어 미국에 도착했다. 비행기에서 내려 사람들을 쭉 따라
가서 입국심사를 받는 것까지 문제가 없었다. 짐을 찾고 출국
장으로 나갔는데 콧수염이 멋진 미국 아저씨가 은행명과 내 이
름을 큼지막하게 적은 종이를 들고 있었다. 픽업 나온 기사를
만나니 불안했던 마음이 조금은 가벼워졌지만, 내 여행 가방을
끌고 앞서서 성큼성큼 걸어가는 아저씨를 종종걸음으로 따라
가면서도 아직은 긴장감을 늦출 수가 없었다.

얼마 후 그 아저씨가 나를 보고 씩 웃더니 어느 차 앞에 멈
추어 섰다. 헉, 이게 무슨 차야. 내 눈앞에는 영화에서나 보았
던 기다란 리무진이 대기를 하고 있었다. 지금 이 차가 한국에
서 온 신입 직원을 픽업하기 위해 은행에서 보내준 차란 말인
가? 정말 가슴이 뭉클했다. 와! 유성희! 대단해! 신데렐라가 누
구던가? 그 누구도 부럽지 않았다. 직원을 최고로 대접하는구
나. 나 자신에 대한 자존감이 뭉게뭉게 퍼져 위로 올라가는 느
낌이었다.

기사 아저씨가 내가 가야 하는 호텔을 다시 확인하면서 시간
이 몇 분 정도 걸릴 것 같다고 말해주었다. 모든 것이 완벽하
게 준비되어 톱니바퀴가 잘 맞아 돌아가고 있다는 생각이 들고
나니, 그 이후부터는 차창 밖의 새로운 풍경이 눈에 들어오기

시작했다.

"하이스트 플로어 플리즈."

호텔에 체크인 할 때 간단하게 이 한마디만 하면 높은 층에 있는 방을 준다고 했던 선배 언니의 말이 생각났다. 그 덕분에 67층에 있는 방의 키를 받아 올라갔다. 커다란 통창 너머 펼쳐진 멋진 광경에 취해서 방 안을 둘러보다가 침대 옆 탁자 위에 올려져 있는 예쁜 초콜릿과 웰컴 레터를 발견했다.

나는 그 레터가 호텔에서 준비한 일반적인 레터인 줄 알았는데, 그것은 은행에서 연수 참가자를 위해 준비한 레터였다. 연수 프로그램에 온 것을 환영한다는 인사와 내일 아침 호텔 2층에 있는 컨퍼런스 룸에서 만나자는 내용이었다. 그리고 네임 택과 연수 기간에 있을 간단한 일정표, 각국에서 연수에 참가하는 참가자들 명단이 하얀색 에코백에 들어 있었다.

앞으로 진행될 모든 과정이 눈에 그려지고 마음이 점차 안정되었다. 환영하고 격려해주는 웰컴 레터를 읽으니 이번 연수를 성실하게 잘 받아야겠다는 생각이 더해졌다. 앙증맞게 생긴 초콜릿을 입에 넣으니 달콤함이 입안 가득 퍼지면서 오랜 시간 비행에 따른 피곤함과 긴장이 풀리고 내일 만나게 될 여러 동료들의 모습을 상상하면서 기대감이 더 커졌다.

따뜻한 웰컴 레터와 달콤함을 주었던 그때의 초콜릿은 기분 좋은 기억으로 남아 있다. 그 이후 내가 고객 행사를 주관할 때는 항상 고객의 이름을 한 분 한 분 적어 넣은 웰컴 레터와 초콜릿을 준비하였다. 이 작은 정성이 우리 고객들에게도 진한 감동으로 전해졌음은 물론이다.

첫날 첫 클래스에서 내 마음에 깊은 울림을 준 본점 매니저의 연설을 잊을 수가 없다. 내 인생의 많은 날을 다른 데 눈을 돌리지 않고 이 조직에서 보내고 싶다는 생각을 갖게끔 하는 짧고 굵은 메시지였다.

"우리는 여기 계신 여러분을 전 세계의 모든 금융기관 중에서 최고로 대우할 것입니다."

글로벌 은행은 직원들의 월급, 보너스, 복지후생을 결정할 때 동종 업계에서 비슷한 업무를 하는 비슷한 경력을 가진 사람들의 평균치를 참고하여 결정한다. 보통의 조직은 동종 업종의 평균치와 비슷한 수준으로 맞추려고 하는데, 그때의 체이스맨해튼은행은 그들이 조사한 평균치는 참조만 할 뿐이고 실제는 마켓을 리드하는 최고의 수준으로 직원을 대우하는 것을 원칙으로 세우고 그대로 실행했다.

나를 최고로 인정하고 대우하는 조직에 충성심을 갖는 것은 당연한 이치다. 우리의 직원이 최고라고 믿고 최상의 근무환경과 조건을 제공하는 배포가 큰 리더들이 유능한 인재를 얻게 된다. 그렇게 얻은 인재가 조직을 발전시키고 그를 더 큰 리더로 세우게 되는 선순환의 긍정적인 결과를 입증하듯, 그때의 체이스맨해튼은행은 현재의 JP모간체이스은행으로 그 명성을 계속 유지하고 있다.*

03
썽히? Sung Hee?

'엠마 스톤', '앤 해서웨이', '메릴 스트립'의 이름만 들어도 그 배우의 이미지가 떠오른다.

은행에 들어가고 얼마 되지 않았을 때 지점장님이 나한테 영어 이름을 지어주겠다고 하셨다. 내 이름이 S로 시작하니까 샤론이 어떠냐고? 영화 〈원초적 본능〉에서 육감적인 몸매로 유명한 그 샤론? 어머나, 저는 그 이미지가 아닌데요. 내가 좋아하는 맥 라이언이라면 모르지만.

나는 이름에 별 성(星) 자가 들어가서 이탈리아어와 라틴어로 '별'이라는 뜻의 '스텔라(Stellar)'로 영어 이름을 정했다. 대개의 경우 영어 이름은 영어 학원을 다니면서 첫 시간에 급하게 정하는 경우가 많다.

영어 이름을 급하게 정하게 된 에피소드 하나가 생각난다. 국내 은행에 다니는 지인 중에 미국에서 쌍둥이 아들을 낳았는데 간호사가 아이들 이름을 정했냐고 해서 아직 결정하지 못했다고 했더니 형의 침대에는 A, 동생의 침대에는 B라고 적어놓았다. 그걸 보고 그분은 쌍둥이 형은 Ashley, 동생은 Brian이라고 즉석에서 이름을 지었다. 순간의 결정이 그 아이들의 평생 영어 이름이 된 것이다.

대개 영어 이름을 정할 때 본인의 이름과 비슷한 발음이 나는 영어 이름을 선택하거나 평소에 자기가 좋아하는 외국 영화배우의 이름을 따라서 하기도 한다. 천주교에 다니며 세례명을 받은 경우에는 자연스럽게 세례명이 영어 이름이 되기도 한다. 주관적인 판단이지만 어떤 친구는 영어 이름이 그 사람의 이미지와 맞는 듯하고, 어떤 친구는 영어 이름이 너무 생뚱맞게 느껴지는 경우도 있다.

미국 은행 서울지점에서는 내부 직원들 간의 이메일은 영어로 한다. 그리고 미팅 참가자 중에 다른 나라 사람이 한 명이라도 끼어 있는 경우는 전화상으로 컨퍼런스 콜을 할 때도 영어로 회의를 한다.

영어 이름을 갖고 있지 않고 그냥 한국 이름을 쓰는 직원인 경우 보통 이름 부분의 영어 이니셜로 부른다. 그러다 보니 한 부서 안에서도 이니셜이 겹치는 경우가 있다. 유성희(Yoo Sung Hee)는 SH, 김세진(Kim Se Jin)은 SJ, 이선화(Lee

Seon Hwa)도 SH, 한중수(Han Jung Soo)는 JS, 우리는 영어 이니셜로 부르는 것이 그리 불편할 정도는 아닌데 다른 나라 직원들은 헷갈리고 힘들어한다.

우리나라와 일본, 중국에서는 성이 앞에 나오고 이름을 뒤에 쓰지만 미국을 포함한 대부분의 나라에서는 이름을 먼저 쓰고 성을 뒤에 쓴다. 성과 이름을 쓰는 순서를 보면 우리나라는 가족과 가문 중심의 문화이고, 서양은 가족보다는 개인이 중심이 되는 문화라는 것을 알 수 있다. 주소를 표기할 때 우리는 시, 도, 군, 구, 동, 읍, 면의 순서로 큰 구역부터 작은 구역으로 적어내려 가는데, 미국을 포함한 서양에서는 그 순서가 반대다. 상대 국가의 문화를 정확하게 이해하기가 쉽지 않다.

영어 이름을 표기할 때는 미국식으로 이름을 먼저 쓰고 성을 뒤에 적지만, middle name이 있는 경우는 어디까지가 성이고 이름인지 구분이 어려울 때가 있다. 가끔 말레이시아, 인도 등지에서 동료로부터 이메일을 받는 경우 그 사람들의 이름과 성이 혼동되어 동료들에게 이메일을 보낼 때 헷갈리기도 한다. 정확하게 이름을 불러주는 것이 친근감을 더해주는 것은 알지만 혹시 실수를 할까 봐 이름을 부르지 않고 그냥 'Hi!'로 문장을 시작하는 평범함을 선택하기도 한다.

그런데 다른 나라의 동료들이 나에게 보내온 이메일을 보면 그들도 비슷한 어려움을 겪고 있다. 'Hi! Sung'이라고 오기도

28

하고, 'Hi! Yoo' 또는 'Hi! Hee Yoo' 이렇게도 온다. 정확하게 나의 이름을 'Hi! Sung Hee' 또는 'Hi! Mrs. Yoo' 이렇게 오는 경우가 의외로 많지 않다. 그들에게도 한국인의 이름 체계가 낯설고 복잡하게 느껴지는 것 같다.

이름과 관련한 당황스런 경우도 있다. 그동안 자주 이메일 연락을 하던 해외에 있는 여자 동료의 이름이 시스템에서 조회가 되지 않는 경우가 있다. 나중에 알고 보면 결혼, 이혼, 재혼 등의 상황 변화로 인해 성이 바뀌어서 이메일 상의 이름이 바뀐 것이다. 이럴 때마다 결혼을 해도 성이 바뀌지 않는 우리나라의 이름 제도가 합리적이고 실용적이라는 생각을 한다.

글로벌 은행에서는 앞면에는 한글, 뒷면에는 영어로 이름을 찍은 명함을 사용한다. 해외에 있는 동료들과 활발하게 커뮤니케이션을 하기 위해서 발음도 부드럽고 기억하기 쉬운 멋진 영어 이름을 정해보는 것은 어떨까? 개성과 매력이 돋보이는 우리말을 이용한 영어 이름이면 더 좋다. 당신의 영어 이름이 멋지게 찍혀 있는 명함을 상상해보라. 기분 좋은 설렘이 느껴진다.＊

04
안뇽^하쎄요

An Nyeung Ha Se Yeo? Go Mab Seup Ni Da.

'안녕하세요', '고맙습니다' 이 정도는 알고 한국을 방문하는 사람도 있지만 외국에서 온 동료 중에는 고객을 만나기 전에 급하게 'Good morning', 'Hi' 그리고 'Thank you'에 맞는 한국어를 가르쳐달라고 하는 사람들이 대부분이다. 고객을 만나러 가는 차 안에서 벼락치기로 가르치는 경우도 있고, 고객 사무실로 올라가는 엘리베이터 안에서 초치기로 알려주는 경우도 있다.

대부분의 고객들은 "안뇽^하^쎄^요"라고 어눌하지만 한국어로 인사하는 외국 사람을 더 반갑게 맞이해준다. 그런 경우 "오! 한국어 발음이 정확한데요? 한국어 잘하세요?" 하면서 화기애애한 분위기로 미팅이 시작된다.

미팅이 끝날 때쯤에 내가 적어준 메모지를 슬쩍 커닝하고

"고맙^쑵^니다" 하고 엉거주춤하게 말을 마치면 그 덕분에 미팅은 웃음으로 마무리되고, 나는 내려가는 엘리베이터 안에서 나의 한국어 제자들에게 엄지 척을 해준다.

〈이웃집 찰스〉라는 TV 프로그램을 몇 번 봤다. 외국인들이 한국에서 좌충우돌 적응해가는 이야기와 성공적으로 잘 적응한 정착기를 보여준다.

"사장님 땀나요. 더운데 수박 한 통 쏘세요."

사장님한테 능글능글 농담을 하는 파키스탄에서 온 직원도 있고, 한국인 친구들 사이에서 인기가 최고인 우크라이나에서 유학 온 여대생도 있다.

어느 날 그 프로그램을 보다가 아이들이 있는 한국 남자와 결혼한 베트남 여성이 아이들과 빨리 친해지려고 열심히 한국어를 공부하는 모습을 보았다. 그때 느낌이 확 왔다. 한국어를 외국 사람들에게 가르치자. 나는 가르쳐 본 경험도 있지 않은가?

"안뇽^하^쎄^요."

"고맙^쑵^니다."

내 제자들이 얼마나 많은데. 이제 몇 년 있으면 정년퇴직인데 보람 있는 일을 해야지.

당장 한국어 교원 양성과정에 접수했다. S대학교 인터넷 강의로 이론 110시간, 실습 20시간 그리고 종합시험도 있다. 비용은 이것저것 합쳐서 백만 원 정도였다. 일사천리로 모든 접수를 끝내버렸다.

그런데 공부는 쉽지 않았다. 퇴근하고 오면 인터넷을 틀어놓고 들어야 했다. 한 페이지 한 페이지를 계속 눌러야 앞으로 넘어가기 때문에 꼼수를 부릴 수도 없었다. 컴퓨터 앞에서 '꼼짝 마'였다. 종합시험을 보려면 이론의 85퍼센트를 마쳐야 되는데 진도를 맞출 수가 없었다. 학교에서 수업 진도율을 매일매일 핸드폰으로 알려줬다. 빚쟁이가 된 기분이었다. 빚 독촉을 받는 것 같았다.

종합시험도 준비해야 했다. 70점 이상 받아야 하는데, 기출문제에서 60퍼센트가 나오고 나머지는 교과서에서 새로 출제된다고 했다. 기출문제를 프린트했다. 답지가 없었다. 학교에 전화해서 답지를 달라고 했더니 담당 조교가 확실하게 확인해 주었다.

"답지는 없습니다."

이게 무슨 청천벽력 같은 소리인가.

"아들아! 문제에 답 좀 달아줘."

"얼마 주실래요?"

"10만 원."

"좋아요. 열심히 노력하시는데 해 드릴게요."

"근데 답만 덜렁 외우는 것도 그렇고, 그게 답인 이유를 옆에 써주세요."

"그래요? 그건 20만 원이예요."

"와! 진짜 치사하다."

"그럼 답만 보세요."

"아냐, 아냐. 좋아, 설명도 써줘."

세상에 공짜가 없다. 20만 원을 주고 아들과 거래한 덕분에 종합시험에는 통과했지만 머릿속에 남은 게 많지 않았다. 우리나라 말 왜 이렇게 어려운지. 한글 문법과 형식이 너무 어려웠다.

그 다음은 실기 테스트를 준비해야 했다.

"티아라 씨! 달리기를 하면서 ~~한다. 빈칸에 들어가는 말을 얘기해볼까요?"

"달리기를 하면서 음악을 들어요."

"네. 참 잘하셨어요."

"스미스 씨! ~~하면서 ~~하다. 이 문형을 이용해서 문장을 만들어보세요."

"커피를 마시면서 TV를 본다."

"아주 잘하셨어요. 최고에요."

20분간 실습 시연을 촬영해서 학교에 제출했다. 방 안에 들어앉아 혼자 교사 역할도 하고 학생 노릇도 하면서 동영상을 찍었다. 이걸 보고 '북 치고 장구 치고'라고 해야 하나.

금박으로 테두리가 장식된 수료증이 몇 주간의 노력을 인정해주는 것 같았다. 뿌듯했다. 대단한 일을 한 것 같았다. 그런데 머릿속이 더 텅 빈 것 같았다. 한국어가 너무 어렵다는 생각만 들었다.

글로벌 은행에서 고객들에게 나누어주는 홍보자료의 맨 뒷장은 항상 'Thank you'에 해당하는 여러 나라의 단어를 함께 써놓는다. 한국어로는 '감사합니다'라고 적혀 있는데 그것을 '고맙습니다'로 바꾸고 싶어서 몇 번을 시도했으나 아직 '감사합니다'로 쓰여 있다.

직원들의 교육 프로그램은 영어와 스페인어로 되어 있다. 그런데 한국 고객들에게 보내야 하는 서류 중에 법률적 검토가 필요한 서류는 본점에서 직접 한국어로 번역하여 보내주는 경우가 있는데 번역되어 온 서류를 읽어보면 약간 어색하기도 하지만 고객 맞춤형 노력을 하고 있는 모습이 보이기도 한다.

한국으로 자주 출장을 오는 사람 중에 유독 한국어를 배우고 싶어 하는 일본 사람이 있다. 그는 2주간 한국어 집중 교육을 받으러 개인 휴가를 내어 한국에 온다. 아침 9시부터 저녁 5시까지 열 명 이내의 소그룹 안에서 2주간 한국어를 배우고 난 후 한국 드라마를 보면 본인의 실력이 얼마나 많이 늘었는지 확연하게 느낄 수가 있다고 한다. 이 직원은 한국에 출장을 와서 고객들과 미팅을 할 때 한국어로 이야기한다. 완벽하지는 않지만 일반적인 대화를 나누는 데는 전혀 문제가 없다.

이와 비슷하게 요즘 국내 은행에 근무하는 젊은 직원 중에 영어는 기본이고 스페인어, 중국어 그리고 일본어를 잘하는 직원이 많다. 그런 능력 있는 직원들이 외국에서 방문한 사람의 모국어로 몇 마디 대화를 나누면서 미팅을 시작하면 미팅이 우호적인 분위기에서 시작되어 좋을 뿐 아니라, 국내 은행 직원들의 능력 있는 멋진 모습이 자랑스럽다.

번역기와 통역기가 아무리 발전한다고 해도 사람이 직접 감정을 담아 상대방의 모국어로 이야기하는 감동을 대체할 수 있겠는가? 외국 사람들과 짧은 시간에 친하게 되는 가장 좋은 방법은 그 나라 언어로 인사를 나누는 것부터 시작된다. 우리 모두 한번 배워 볼까나.＊

05
Good Looking Guy!

세상이 바쁘게 돌아가기 때문일까? 강렬한 이미지를 보여주기 위함인가? '개콘', '웃찾사', '소확행', '내로남불', '낄낄빠빠'. 협회나 단체 이름, 프로그램, 영화 제목을 원래대로 다 말하기보다는 요즘은 대부분 줄여서 말한다. 긴 제목을 그대로 말하거나 줄임말을 알아듣지 못하면 구세대에 세련되지 않은 것처럼 느껴진다.

사무실에서 내부 직원들끼리 이메일은 영어로 하는데 가능하면 짧고 간단하게 이메일을 쓰려다 보니 줄임말을 사용하는 경우가 많다. for your information는 FYI, instead of는 i/o, by the way는 BTW, as soon as possible은 ASAP, Frequently Asked Questions는 FAQ 등등 정말 많다.

얼마 전에 책을 읽다가 'GLG'라는 줄임말을 보고 사전을 찾아보았다. Good Looking Guy! 잘생긴 사람. 보기 좋은 것하고 잘생긴 것하고는 다르고, 사람들마다 잘생겼다고 판단하는 기준이 제각각 다르겠지만 'Good Looking'이라는 단어에서 보기에 좋은 외모가 눈에 그려진다.

나는 개성이 강한 사람이 매력이 있다고 생각한다. 가수 김범수가 자의 반 타의 반으로 한동안 대중 앞에 나서지 못하고 얼굴 없는 가수로 지낼 수밖에 없었던 얼굴이라고 하지만, 뛰어난 노래 실력과 더불어 그의 익살스런 유머감각과 프로댄서처럼 스포츠댄스를 추는 모습은 정말 멋지고 매력적이다. 그가 매력이 있다고 생각하니 위로 치켜 올라간 그의 작은 눈이 귀엽기까지 하다.

악동뮤지션의 수현은 이목구비가 예쁘다기보다는 웃음이 가득한 작은 눈이 참 사랑스럽고, 자신감이 흠뻑 묻어 있는 표정으로 노래를 부르는 모습이 돋보이는 매력 있는 가수라고 생각한다. 남들이 정해놓은 기준으로 볼 때는 눈의 사이즈가 작은 것이고 평균 이상으로 위로 올라 간 것인데도 귀엽다.

남이 만들어놓은 기준에 맞지 않는 것을 뭔가 잘못된 것처럼 콤플렉스로 받아들이지 않고, 자신만의 독특함을 개성이라고 당당하게 보여줄 때 그 사람의 멋짐이 빛을 발한다. 자신감이 덧붙여진 그런 개성은 오롯이 그 사람만 갖고 있는 것이고, 그 사람만의 독보적인 자산이다.

〈뉴욕 타임스〉의 칼럼니스트 윌리엄 새파이어가 외모지상주의, '루키즘(lookism)'이란 단어를 2000년에 처음 사용했다. 사람을 구분할 때 인종, 성별, 종교, 이념에 이어 새롭게 외모라는 요소까지 넣음으로써 외모가 연애, 결혼과 같은 사생활은 물론 취업, 승진 등 사회생활 전반까지 좌우한다고 믿게 되었다. 조금 더 잘생기고 더 예쁜 것이 개인의 능력인 것처럼 평가되고 있는데, 시대에 따라 변하고 있는 미의 기준, 잘생김의 기준에 따라 외모의 우열을 가린다는 것이 과연 옳은지 생각해 보게 된다.

　가끔 직장에서 인터뷰를 하다 보면 지원서에 붙여놓은 사진과 확연하게 다른 얼굴을 만나게 된다. 얼짱 각도는 기본이요 자연스럽게 웃는 모습까지는 바람직한데 눈, 코, 입을 심하게 보정하면서 그 사람이 갖고 있는 본래의 선한 눈매와 둥그스름한 턱선에서 풍기는 따뜻함과 수수한 이미지까지 함께 깎아내 버린 경우가 있다. 보정된 사진보다 실물이 훨씬 나은 경우를 보게 되면 씁쓸한 웃음이 나온다.

　'성공'이라는 목적지까지 '인생'이라는 자동차를 운전해가면서 꼭 외모라는 열쇠로 시동을 걸어야 한다고 생각하는 사람이 많아서 안타깝다. 과연 외모가 출중하다고 인생이 잘 풀릴까? 잘 생긴 good looking guy의 유통기한은 언제까지인가? 38세? 55세? 루키즘(lookism)보다는 퍼스널리즘(personalism),

개성주의가 각광받는 때가 오기를 희망한다.

  마케팅을 하면서 많은 사람들을 만나다 보면 정말 닮고 싶은 멋진 사람들이 많다. 자신의 직위와 역할에 걸맞은 이미지를 연출할 줄 아는 사람들을 보면 닮고 싶다. 자꾸 눈길이 가고 함께 마주 앉아 그 비결이 무엇인지 알아내고 싶다. 그 사람의 표정, 제스처, 말투 그리고 옷차림까지 몽땅 카피를 하고 싶다.

  이미지란 무엇인가? 사전을 보니 '마음속에 언어로 그린 그림'이라고 정의한다. 떠오르는 느낌, 연상되는 모습이다. 며칠 전 누군가가 이런 말을 했다. 정장 차림의 젊은 남자가 머리를 면도기로 밀은 헤어스타일을 하고 백팩을 메고 가는 모습을 보면 저 사람 외국물 좀 먹었거나, IT나 하이테크놀로지 쪽에 종사하는 사람처럼 보인다는 것이다. 이미지에 대한 편견이기도 하지만, 인간은 편견이란 날개를 달고 상상의 하늘을 날아다닐 수 있는 자유도 있다.

  다른 사람에게 나만의 독특한 이미지를 남겨주고 싶다. 가능하다면 좋은 느낌으로 기억되기를 바란다. 선하고 유쾌하게, 그리고 지성적으로 보이면서 예술적인 감각도 갖춘 멋진 이미지가 느껴진다는 말을 들으면 얼마나 좋은가? 그런 이미지를 보여주려면 어떤 노력이 필요할까?

내가 닮고 싶은 사람들이 갖고 있는 공통점은 웃는 얼굴이다. 편안해 보이는 미소를 갖고 있다. 자연스러운 눈가의 미소를 보면 따뜻한 사람이라는 느낌이 든다. 그들은 적당한 목소리로 빠르지 않고 차분하게 말한다. 설득하려고 큰 목소리로 급하게 말하지 않아도 어느새 그들이 하는 말에 집중이 되고 그 논리에 빠져서 고개를 끄덕이는 나를 발견하게 된다.

당신이 왠지 모르게 끌렸던 사람이 있었는지 기억해보라. 분명 그 사람의 부드러운 말투, 적당한 톤으로 자신감이 흠뻑 묻어 있는 목소리가 당신의 귀를 쫑긋하게 하고 그쪽으로 시선을 돌리게 했을 것이다.

또 한 가지, 내가 닮고 싶은 그분들은 언제나 아랫사람에게 존댓말을 사용한다. 나를 직장 후배로, 인생 후배로 깍듯하게 대접한다. 간단하고 편리해서 줄여 쓰는 말과 사람과 사람 사이에서 말허리를 잘라내어 위아래 없이 사용하는 화법하고는 다르다. 따분하다고 생각되고 어색하다고 느껴지더라도 할 수만 있다면 우리가 갖출 수 있는 예의는 다 갖추어 대화하자.

입가에 엷은 미소를 띠고 목소리를 가다듬자. 때와 장소에 알맞은 품위 있는 단어를 사용하자. 부드럽고 차분한 어조로 말을 건네는 당신에게는 어떤 비싼 향수보다도 더 기품 있고 고급스러운 향기가 날 것이다. 자! 어떤 이미지를 원하는가? 이제부터 당신의 이미지는 고품격이다. Good Looking Guy! *

06 글로벌 에티켓

"아들아, 회사에서 누가 너한테 폭력을 행사한다거나 불법적인 것이나 불합리한 것을 시키면 참지 말고 당장 그만둬. 엄마 아빠 걱정할까 봐 말도 못하고 혼자서 끙끙거리지 마. 엄마는 우리 아들이 사람답지 못한 대접을 받는 것은 상상도 할 수 없어."

전화기 너머에 있는 아들한테 숨도 안 쉬고 속사포처럼 말을 쏟아냈다. 최근 갑질을 하는 상사들에 관한 연이은 충격적인 뉴스에 더 이상 참지를 못하고 아들에게 엄마의 노파심을 마구마구 전했다.

대학병원에서 전문의가 레지던트를 무차별적으로 구타하는 장면을 뉴스에서 보았다. 다른 레지던트들도 옆에서 보고만 있고 누구 하나 말리지 않았다. 말리기는커녕 본인이 다음 구타의 대상이 될까 봐 무서워서 벌벌 떨고 있는 것처럼 보였다.

아무리 빨리 많이 배워서 사람을 살리는 실력 있는 의사가 되면 무슨 소용이 있나. 저렇게 두려움과 공포를 느끼고 폭행을 당하면서 익히는 기술이 무슨 의술이란 말인가!

영업사원이 실적을 못 맞췄다는 이유로 무릎을 꿇고 사장에게 뺨을 수차례 맞는 영상을 보았다. 그 직원은 고개를 숙인 채 그대로 맞고만 있었다. 아마도 먹여 살려야 할 자식과 걱정하실 부모님 때문에 벌떡 일어나 그 사장을 밀쳐내질 못하는 거겠지.

친구의 넋두리가 시작되었다.

"우리 아들 또 그만뒀어. 이번엔 팀장이 저녁마다 노래방 가자고 해서, 그것 땜에 못 다니겠단다."

어째 일 년 잘 버틴다 했단다.

"어휴, 정말 내가 속이 답답해서 못살아. 요즘 아이들 회사 들어가서 삼 년을 버티기가 힘들어. 멀다고 그만두고, 팀 분위기가 별로라고 나오고, 비전이 안 보인다고 뛰쳐나오고. 내가 보면 지들이 비전이 더 안 보여. 지들이."

열을 잔뜩 받은 친구의 속사포를 듣고 있을 수밖에.

친구 아들은 명문 대학을 나오고 미국으로 어학연수도 다녀왔다. 월급을 많이 준다는 중견기업에 스카우트 되어 졸업과 동시에 멋지게 직장생활을 출발했다. 그런데 직장에 들어가서 몇 개월만 지나면 무슨 이유를 들면서 그만두기를 벌써 몇 번째다. 아들 걱정에 내 친구 얼굴이 반쪽이 됐다.

영어를 잘하는 친구 딸은 중견 의류업체 해외사업부에 발령을 받았다. 인도네시아, 방글라데시 그리고 인도에 있는 공장을 관리하면서 원자재 수급관리와 계약일에 맞춰 상품을 선적하는 무역실무를 담당한다.

그 딸은 출장 계획만 잡히면 "이 회사 빨리 관두고 다른 회사 취직할 거야" 하면서 취준생을 위한 인성과 적성 수험서를 펼쳐 든다고 한다. 왜 그런가 물어보니 출장을 가면 현지 공장에 있는 기숙사에서 잠을 자야 한다는 것이다. 본국에서 출장 오는 직원들이 많아서 아예 출장 오는 직원을 위한 숙소를 기숙사 내에 마련해놓았다고 한다. 출장 갈 때마다 회사를 옮기고 싶을 정도로 불편한 숙소에서 지내야 하다니, 내 친구 한숨이 길다.

그 딸은 일단 출장만 다녀오면 멀쩡하게 회사를 잘 다니고, 출장 계획이 잡히면 이직을 해야겠다고 책을 펼쳐 든단다. 딸의 출장 스케줄은 책상 위에 수험서가 펼쳐져 있는지 없는지를 보면 알 수 있다며 친구가 눈을 찡긋한다.

36년간의 직장생활을 돌이켜보면 감사한 것이 많다. 미국 은행의 직장문화는 우리나라의 직장문화에 비하여 덜 감정적인 것 같다. 그것이 개인주의로 보이기도 하고 인간적인 정이 없는 것처럼 보인다고 평가하는 사람도 있지만 누구 부장님, 누구누구 씨로 호칭하고 이성적인 어조로 담백하게 서로를 존중하며 대한다.

결재 판을 들고 상사의 방에 들어가는 경우가 없다. 결재 판이 아예 없다. 모든 제안서나 업무계획은 은행 내의 이메일로 주고받는다. 받은 이메일의 내용이 불명확하거나 다른 의견이 있으면 이메일을 회신하면서 보완할 사항을 요청한다. 이메일을 처음부터 끝까지 쭉 훑어보면 그간의 과정을 다 파악할 수 있다.

가끔 TV 드라마에서 보듯이 결재 판을 옆구리에 끼고 상사의 방 앞에서 서성거리거나 마음에 안 든다고 상사가 집어던진 결재 판을 허리 굽혀 주워들어야 하는 비참한 경우는 이제까지 사무실에서 본 적이 없다.

회의 안건이 있으면 내가 원하는 시간을 정해서 미팅에 초대할 상대방에게 이메일 노트를 보낸다. 제안한 시간이 다른 회의나 외부 외출 시간과 겹치지 않으면 수락하는 버튼을 눌러서 미팅을 요청하는 사람에게 회신을 한다. 그렇게 미팅을 잡고 회의실에서 서로의 의견을 충분히 얘기하고 결론에 합의한다.

비인격적인 모욕을 주고받을 수가 없다. 인사부는 항상 열려 있다. 누구라도 불합리한 대우를 받았다거나 모욕적인 언사를 받았다는 생각이 들면 인사부로 직행할 수 있다. 원한다면 지역 담당 인사부나 본점에 있는 인사부로 직접 연락을 취해도 전혀 문제가 되지 않는다.

지역 본부에서는 직원들에게 부여된 권리에 관한 문의나 고충사항이 있을 때는 어떻게 누구와 얘기해야 하는지에 대한 교육을 매년 실시하고 있다. 알맞은 호칭으로 부르고 반말이 아닌 온전한 말로 서로를 인격적으로 대하는 직장 매너에 대한 교육도 정기적으로 받으며 바람직한 직장문화를 만드는 노력을 꾸준히 한다.

상사도 나도 그리고 내 동료와 새로 들어온 직원도 모두 우리라는 공동체의 일원으로서 같은 공간에서 시간을 함께 나누는 사람들이다. 우리 중에 그 누구도 이 조직에서 영원히 있을 사람은 없다. 누가 갑이고 누가 을인가! 갑도 없고 을도 없다. 때가 되면 한 사람씩 직장이라는 '우리'를 떠나갈 것인데, 함께 있는 오늘 이 시간에 서로를 이해하고 배려하면서 지내자.

글로벌 에티켓을 사무실에서부터 발휘해보자. 당신을 최고의 바른 사람으로 만드는 첫걸음은 나의 동료를 최고의 숙녀와 신사로 대하는 것부터 시작된다.＊

07 굿모닝 맨해튼, 굿바이 영어 울렁증

2014년 개봉한 인도 영화 〈굿모닝 맨해튼〉을 보면서 내가 미국을 처음 방문했을 때가 떠올랐다. 영화의 주인공 샤시는 외모부터 요리 실력까지 흠잡을 데 없는 완벽한 가정주부인데 영어를 못한다는 이유로 가족들에게 무시를 받으며 소외감을 느끼고 산다. 그러던 어느 날, 뉴욕에 사는 조카의 결혼 준비를 돕기 위해 홀로 미국으로 떠나게 되고 샌드위치 가게에서 주문을 하면서 멘붕 상황을 마주한다.

이 장면에서 내가 처음으로 맨해튼에 갔을 때가 생각났다. 맨해튼에 도착해서 점심을 먹기 위해 제일 익숙한 맥도날드에 들어갔다. 나보다 훨씬 어려 보이는 친구가 계산대 뒤에 서서 무표정하게 나를 쳐다봤다. 얼른 주문하라는 듯이 나를 향해 턱을 한번 올렸다 내렸다. 문 앞에서 봐둔 버거 세트의 번호까지는 잘 얘기했는데 문제는 그 다음이었다.

무표정한 얼굴로 빠르게 뭐라고 말하는데 무슨 말인지 몰라서 그 직원의 얼굴만 쳐다보았다. 나를 보고 뭐라고 말하는지 알아들을 수가 없어서 함부로 Yes나 No를 대답할 수도 없었다. 결론은 'to go or stay'였는데 그 짧은 말이 귀에 들어오지 않았다. 얼굴이 벌개져서 빵 봉지를 들고 나왔던 그때의 내 모습이 지금도 창피하다.

이튿날 다른 나라에서 온 동료들과 저녁을 먹기로 했다. 맨해튼에 몇 번 와본 친구가 유명하다고 추천하는 샌드위치 가게에 갔다. 나는 그 전까지는 베이글이라는 빵을 먹어본 적이 없었고 그 종류가 그렇게 많은지도 몰랐다.

벌써 35년 전이었고 한국에 베이글을 파는 곳도 없었다. 한국 조선호텔 베이커리에서 파는 바게트와 견과류가 들어 있는 호밀 유기농 건강빵도 먹어본 나름 수준이 웬만하다고 자부하던 나였는데, 맨해튼의 유명 샌드위치 가게에서 주문을 하려니 진땀이 나기 시작했다.

스무 가지가 넘는 베이글 종류 중에서 빵을 선택해야 했다. 플레인, 시나몬 레이즌, 세사미, 나인 그레인, 어니언, 올리브 치즈 그리고도 열 가지는 더 넘는 종류를 부르면서 뭘 하겠냐고 빵부터 고르란다. 플레인을 하면 쉬울 텐데 제일 알아듣기 쉬운 어니언을 선택했다.

치즈는 뭘로? 크림치즈 종류가 왜 그렇게 많은지. 그 당시 내가 먹어본 치즈는 사각형 노란색 치즈와 그것보다 조금 더 비싼 아기용의 하얀색 치즈가 전부였고 빵에는 딸기잼, 포도잼을 발라 먹고 호텔에서나 버터를 발라 먹던 시절이었는데 블루베리, 스트로베리 어쩌고 하면서 치즈를 고르란다. 스트로베리 크림치즈를 골랐다. 그 다음은 연어를 넣을지 치킨을 넣을지 어쩌고, 피클을 넣을지 말지 저쩌고 하면서 샌드위치를 만드는 단계가 끝이 없었다.

마지막 단계에서는 양파를 넣을지 말지 시험을 치르듯 진땀을 흘렸다. 간신히 취사선택을 하고 만든 나만의 맞춤 샌드위치였지만 너무 지쳐서 아무런 맛도 느껴지지 않았다. 미리 만들어놓은 샌드위치도 진열대에 있었는데 그냥 그중에 하나를 집어 들걸. 나의 첫 베이글 샌드위치 도전은 쓰디쓴 추억으로 기억된다.

〈굿모닝 맨해튼〉에서 샌드위치를 주문하면서 멘붕을 겪은 주인공 샤시는 4주 완성 영어학원에 등록하여 영어를 배우기 시작한다. 영화 속이기에 가능한 스토리겠지만, 4주 만에 주인공은 영어 울렁증을 극복하고 카페에서 능숙하게 커피를 주문하고 조카의 결혼식에서는 많은 하객들 앞에서 새로이 탄생하는 커플에게 가족의 의미에 대하여 영어로 인상적인 축사까지 할 수 있었다. 영어를 못하는 엄마를 창피해하고 무시하던 가족들이 놀라는 모습에 짜릿한 희열도 느끼고, 영어 울렁증을 극복한 자기 자신에 만족한 미소를 띠던 샤시는 아름다웠다.

나도 미국 은행에 다니면서 영어는 좋으나 싫으나 가까이 해야만 했다. 고등학교 때 학원 새벽반에서 성문종합영어를 공부하는 것으로 시작해서 코리아헤럴드에서 원어민 강사에게 글쓰기도 배웠고, 대학 때에는 토익 최다 응시 만점 강사 김대균 쌤의 강의를 듣기 위해 줄을 길게 서기도 했다. 정철 쌤한테 영어회화도 배웠고 영국문화원도 다녔다. 《영어의 바다에 빠뜨려라》, 《영어공부 절대로 하지 마라》 같은 눈길을 확 당기는 책과 테이프도 들고 다녔다. 그래도 영어는 항상 나의 고민거리 중의 하나였다.

고객 서비스 업무를 담당할 때 호주, 캐나다, 파푸아뉴기니를 포함해 세계에 있는 많은 은행 직원들과 전화 통화를 할 때 처음에는 can't와 can에 대한 백 퍼센트 확신이 없어서 팩스나 이메일로 우리가 지금 한 이야기를 확인해 달라고 항상 요청했다. 혹시라도 실수를 하지 않기 위해서 대화 내용을 항상 눈으로 확인하곤 했다.

마케팅 업무를 브리핑하다 보면 '스트레티지(strategy)'라는 단어를 많이 사용하게 되는데 본점에서 온 매니저가 유독 이 단어의 발음을 못 알아듣고 몇 번이나 되묻곤 하였다. 그래서 미팅에 들어가기 전에 이 단어를 스무 번 넘게 반복적으로 연습을 하기도 했다.

미국 은행에서는 모든 문서와 이메일을 영어로 한다. 전화 회의도 영상 회의도 영어로 하는 것이 기본이다. 업무에 대한 경험이 많고 지식이 많다고 해도 그것을 말과 글로 충분히 자유자재로 나타내고 전달할 수 없다면 엄청난 스트레스로 스스로가 자괴감에 빠지게 된다.

토익과 토플의 점수가 중요한 것이 아니라 내가 알고 있는 모든 지식을 충분히 주장할 수 있는 정도의 실제 사용 가능한 실력이 필요하다. 한국어로는 나의 주장을 논리 정연하게 설명할 수 있음에도 불구하고 전달 수단으로 사용할 언어가 일정 수준에 미치지 못해서 과묵하게 입을 다물고 있어야 한다면 무척 억울하지 않은가!

영어 울렁증에는 약이 없다. 영어 울렁증과 굿바이하기 위해서는 연습에 연습만이 답이다. Practice makes perfect! *

Chapter 2

In the morning
"글로벌 은행의 분위기를 들여다보자"

08
80점! 합격이다

'남의 돈 받기가 쉬운 줄 아느냐', '돈을 벌어봐야 돈이 얼마나 귀한 줄 알게 된다'는 말을 어른들로부터 귀에 못이 박히게 듣고 자랐다. 스트레스를 받을 때면 '돈을 벌기 위해 내가 이렇게 많은 시간과 몸과 마음을 쓰면서 내 청춘이 가는구나'라는 서글픈 생각이 들기도 했다.

그뿐인가? 직장에서 경쟁에 뒤지지 않고 오랫동안 근무하기 위해서는 자기가 담당하는 업무에 대한 지식뿐 아니라 자기계발을 위한 공부도 꾸준히 해야 한다. 또한 승진을 위해서는 연수를 받고 의무적으로 이수를 해야 하는 과목도 있으니 취직을 했다고 학습이 끝나는 것이 아니라 배움에는 끝이 없다.

글로벌 은행도 직원들의 교육에 많은 투자를 하고 있는데 컴플라이언스(compliance)와 법규에 관한 내용이 전체 교육의 반 이상을 차지한다. 현재 은행에서 가장 중요하게 관심이 집중되고 있는 주제가 컴플라이언스이기 때문에 담당 업무가 조금이라도 컴플라이언스와 관련된 직원들은 모두 홍콩이나 본점이 있는 샌프란시스코에 직접 가서 집합 교육을 받는다. 전 세계 지점에서 한두 명씩 와서 일주일가량 이론과 실제 케이스에 대하여 강의를 듣고 팀별로 토론도 하며 다양한 방법으로 집중 교육을 받는다.

컴플라이언스 부서에서 근무하는 내부 직원들이 교육을 대부분 담당하지만 미국 감독기관에 근무하는 직원이 직접 나와서 여러 가지 관련 규정과 사례들을 소개하기도 한다. 동영상과 온라인으로 하는 교육도 많다. 일 년에 서른 가지가 넘는 교육 과정을 동영상을 통해 강의를 들어야 하고 강의의 끝부분에는 대부분 배운 내용에 대한 'Knowledge check'라는 시험을 봐야 한다.

교육 받는 과목들을 크게 네 가지로 구분하면 절반 이상이 준법에 관련된 내용이고, 그 다음이 은행 업무와 관련된 규정과 절차에 대한 이해 그리고 나머지가 업무 태도와 직원윤리다. 우리 은행이 갖고 있는 라이선스로 고객한테 판매할 수 있는 상품의 범위, 은행 업무를 할 때 준수해야 하는 은행법과 규칙들, 요즈음 유행하고 있는 불법거래 유형들을 알려주며 업무를 할 때 어떤 부분에 더 주의를 기울이고 확인하는 절차를 가져야 하는지를 알려준다.

은행 비용을 사용할 때 지켜야 하는 내부 규정과 감독기관에서 정해놓은 법 규정들 그리고 업무용 전화기와 노트북을 포함한 은행 용품은 어떻게 사용하고 관리해야 하는지 등과 같은 내용부터 놓치기 쉬운 보고서와 절차들도 강조하면서 교육을 하고 있다.

온라인 교육과 시험은 'learning site'에 수시로 올라오고 마감일이 정해져 있다. 매 분기마다 7~8가지의 교육이 부과되기 때문에 관련 사이트에 자주 들어가서 나에게 부과되어 있는 교육을 확인하고 강의를 들어야 한다. 고객의 전화가 조금 뜸한 시간대와 점심 약속이 없는 날을 이용해 동영상 강의를 듣는다. 교육은 20분 정도 소요되는 것부터 한 시간이 넘게 걸리는 과목도 있다.

시험을 보면 대부분 80점 이상을 맞아야 통과가 되고 그 이하 점수인 경우 'fail'이다. 불합격이니 재시험을 봐야 한다. 과거에는 시험을 보다가 80점이 안 될 것 같으면 시험을 도중에 멈추고 나왔다가 처음부터 다시 시작하면 재시험을 본 기록이 남지를 않았다. 가끔 그런 꼼수를 부리기도 했다.

그런데 언제부터인가 시험을 보다가 도중에 나왔다가 다시 로그인해서 들어가면 내가 멈추었던 거기에서 다시 시작하도록 프로그램이 변경되었다. 사실 근무 중에 시험을 보다가 급하게 처리해야 하는 다른 일이 있는 경우 멈췄다가 시간 초과로 프로그램이 자동적으로 종료되는 경우가 있다. 이런 경우 의도치 않게 맨 처음부터 다시 시작해야 한다면 그것이 도리어 불편하고 짜증나는 상황일 것이다. 그런 경우를 위하여 프로그램이 보강되고 개선되었다.

이것 외에도 시험을 치르는 환경이 계속 더 강화되고 있다. 중요한 교육인 경우 세 번이나 시험을 봤는데도 80점 이상을 못 받으면 담당 매니저에게 자동으로 통지가 되고 매니저가 승인을 해줘야 네 번째 재시험을 볼 수 있게 되었다. 아주 민망하고 창피한 상황을 피하기 위해서 두 번째, 세 번째 시험을 치를 때는 내가 이전에 틀리게 찍었던 답들을 기억하면서 정답을 찾는 노력에 더 집중을 해서 답을 선택해야 한다.

온라인으로 보는 시험문제 중에 가장 쉬운 것은 'True or False'이다. 이런 문제는 처음에 한두 문제가 나오고 쉽게 점수를 따게 해준다. 난이도가 가장 높은 문제는 맞는 것을 모두 고르라는 멀티 정답 유형이다. 내용을 대충만 알고 있으면 여러 개의 정답을 한 번에 다 맞추기가 쉽지 않아 내용을 정확하고 확실하게 알고 있어야 하는데 갈수록 이런 문제가 많이 출제되고 있다.

귀에 못이 박히도록 반복되는 질문이 있다.

"직장 내에서 문제가 발생했을 때 가장 올바른 대처방법은 무엇인가?"

다른 조직에서도 비슷하지만 업무 매뉴얼에 따르면 '직속 매니저에게 즉각 보고하는 것'이 답이다. 신속한 처리를 위해서 내부적으로 그 업무를 관장하는 다른 감독부서에 내가 직접 보고하기보다는 일단 나의 매니저에게 상황을 보고한 후에 지시를 받고 그 다음 행동을 하도록 되어 있다. 특히 외부 관련기관에 신고나 보고를 한다는 것은 거의 정답이 아니다.

외부 감독기관과 접촉하고 어떤 사안을 논의하는 업무는 극히 훈련되고 경험이 많은 담당자가 하도록 규정되어 있다. 특히 언론사나 방송사에서 은행에 관한 어떤 소문이나 사안에 대하여 인터뷰를 요청 받으면 미디어를 담당하는 부서로 즉시 그 내용을 보고하여 전문 담당자가 처리하도록 하여야 한다.

귀찮게 여겨지는 많은 교육이지만 집중해서 강의를 듣고 시험을 치르다 보면 내가 업무를 하면서 지켜야 하는 규정과 업무처리 절차에 관한 정보와 지식을 정리하게 되어 업무를 하는 데 확실히 도움이 된다.

성희롱 예방에 관한 교육을 포함해서 대한민국 직장인들이 의무적으로 받아야 하는 교육도 글로벌 은행에 다닌다고 예외는 아니다. 글로벌 은행에 다니는 직원들은 대한민국의 법과 내가 다니는 조직의 국가에서 규정하는 관련법 모두를 준수해야 하는 어려움은 있지만 대부분의 규정과 업무절차가 다른 듯 비슷한 면이 많다.

은행 업무는 보수적인 성격이 강하다. 상식적이고 보수적으로 기본에 충실하게 생각하고 답을 선택하면 80점 맞는 거 그리 어렵지 않다. 그러나 시험은 시험이다. 시험을 치르기 전에는 항상 긴장이 되어 심호흡을 크게 한번 쉬고 난 후에 시작 버튼을 누른다. 나중에 퇴직하고 나면 잔뜩 긴장하고 시험을 보던 지금 이 순간 또한 그리울 것이라는 생각이 든다.*

09

2주간 휴가를 떠나라고?

"언니 또 휴가예요? 언제까지 휴가예요?"

"나 이번 주에 코어 리브(core leave) 사용해야 돼서 2주 동안 회사에 나오면 안 돼."

"네? 2주 동안이요? 회사에 나오면 안 된다고요? 코어 리브가 뭔데요? 그거 강제적인 휴가예요?"

"응. 안 쓰면 인사부에서 언제 쓸 건지 계속 체크해서 귀찮아."

글로벌 은행에는 독특한 휴가 제도가 있다. 어떤 목적으로 언제부터 시작되었는지 확실하지는 않지만 직원들에게 의무적으로 휴가를 일주일 또는 이주일 동안 연속적으로 사용하도록 하는 제도로 '코어 리브(core leave)' 또는 '블록 리브(block leave)'라고 한다. 현재 코어 리브의 가장 중요한 목적은 위험 관리(risk management)의 일환이다.

은행에서 현금이나 어음과 같은 유가증권을 관리하는 직원이나 고객들의 계좌를 관리하는 직원들은 자칫하면 은행 돈이나 고객의 돈을 갖고 불법적인 행위를 할 수 있는 위험이 높다고 인식된다. 그렇기 때문에 그런 업무를 하는 직원들을 일정 기간 업무에서 제외시키고 그 기간 중에 은행에서는 장부상의 잔액과 실제 금고에 있는 돈의 잔액이 정확하게 맞는지 확인하고, 거래 상대방으로부터 오는 확인서가 전산에 등록된 내용과 일치하는지, 고객으로부터 업무와 관련한 어떤 불만사항이 접수되는지 등을 살펴보게 된다.

내가 예전에 자금운용부(treasury operation)에 근무할 때 싱가포르 지점에서 실제 있었던 일이다. 백 오피스(back office, 후선 관리부서)에서 근무하던 문제의 직원은 딜러들이 거래한 외환거래를 전산에 등록하고 자금을 실제적으로 보내고 받는 업무를 담당했다. 그는 달러(USD)와 유로(Euro) 간의 외환거래를 전산에 등록하면서 받을 자금은 정확하게 맞는 은행 코드를 넣고, 자금을 보내야 하는 은행은 본인의 사촌이 근무하는 은행 코드를 입력했다.

사촌과 공모해 자금을 일단 사촌이 근무하는 은행으로 보내면 사촌이 잘못 들어온 자금을 반환하는 과정에서 가로채기로 계획을 세웠다. 싱가포르 지점의 그 직원은 상대 은행으로부터 전산에서 자동으로 발신하여 들어온 거래내역에 대한 확인서는 받자마자 찢어버렸다.

보통 외환거래를 하는 은행들은 통화별로 자금을 주고받는 두 회사 간에 이뤄지는 결제에 대해 쌍방의 결제 대리 기관을 고정적으로 지정해놓는다. 그것을 SSI(Standing Settlement Instruction)라고 말한다. 예를 들면 달러는 웰스파고은행을 통해서 받고, 엔(JPY)은 스미토모은행으로 받고, 유로는 코메르츠은행을 통해서 받겠다고 미리 정해서 외환거래가 가능한 모든 잠재적 상대 은행들에게 통지를 하는 것이 외환거래 시장의 관례다.

업무 매뉴얼에 따르면 SSI와 다른 은행으로 자금을 보내라는 요청을 받은 경우 상대 은행에 자금 결제은행이 맞는지 다시 한 번 확인해야 한다. 문제의 거래에 대하여 상대 은행에서 재차 문의가 왔지만 다른 직원이 외부에서 들어오는 스위프트 메시지와 이메일을 보기 전에 그 직원이 받아서 처리하며 2차 확인하는 단계까지 무사히 넘어갔다.

그러나 상대방 딜러가 또 다른 거래를 하면서 SSI가 바뀌었는지 이 은행의 딜러에게 다시 문의하는 과정에서 들통이 났다. 거래 상대 은행의 후선 지원부서인 백 오피스에서 문제의 거래부터 자금 지급은행이 달라졌는데 SSI가 바뀌었으면 변경된 은행 리스트를 보내달라고 딜러를 통해서 요청한 것이다.

거래 확인서는 거래 당일에 자동적으로 전산에서 출력되어 거래 상대 은행으로 발송되고, 월말을 기준으로 남아 있는 거래의 내역이 전산에서 다시 한 번 출력되어 확인하는 과정이 있기 때문에 2주 동안 하던 업무에서 의무적으로 자리를 비우게 되면 상대 은행에서 오는 거래 확인서나 고객들의 통장을 정리하면서 의심되는 거래 또는 불법적인 거래가 있는 경우에는 노출될 확률이 높다.

또 다른 목적으로는, 코어 리브를 통해서 지금 담당하고 있는 직원이 없는 경우에도 은행의 업무가 문제없이 잘 돌아가는지를 확인할 수 있고 그 업무를 대신할 수 있는 사람들이 준비가 잘 되었는지를 평가할 수 있다. 글로벌 은행에서 근무하는 모든 직원이 모두 일률적으로 똑같이 2주간 연속적인 휴가를 사용해야 되는 것은 아니다. 담당하는 업무의 위험도에 따라서 코어 리브가 부서별로 1주일 또는 2주일 다르게 적용된다.

내가 원하는 시기에 누구의 눈치도 보지 않고 1주 또는 2주간의 휴가를 사용할 수 있기 때문에 코어 리브 제도를 좋게 받아들이는 직원도 있고, 일 년에 한 번은 내가 원하지 않아도 의무적으로 묶어서 사용해야 하는 것을 부담스러워하는 직원들도 있다. 특히 어린아이를 키우는 워킹맘인 경우에는 휴가를 한꺼번에 사용하기보다는 아이들이 아프거나 아이를 돌봐주시는 분한테 갑작스런 상황이 생기는 경우를 대비해서 휴가를 적절하게 나누어 사용하고 싶어 한다.

몇 년 전부터 국내 은행도 직원들에게 연차를 적극적으로 사용하도록 권하는 분위기가 되었지만 2주간의 휴가를 윗사람이나 동료들의 눈치를 보지 않고 사용하기가 쉽지 않다고 한다. 2주간의 힐링 여행, 단식원이나 명상센터와 같은 곳을 다녀오고 싶은 직장인 또는 자격증 시험을 준비하는 직장인이라면 코어 리브 제도가 아주 반가울 것이다.

올 초에 퀵서비스 플랫폼 전문업체 바달이 2주간의 코어 리브 제도를 도입한다는 기사를 읽었다. 충분한 휴식은 업무에 필수적인 요소이며, 재충전의 시간을 갖는 것은 직원 개인뿐 아니라 회사에도 큰 도움이 된다는 취지로 이 제도를 도입하였다고 한다.

위험관리의 목적이든지 직원에게 재충전의 기회를 주기 위해서든지 2주간의 'core leave'는 은행뿐 아니라 많은 기업에서 고려해볼 만한 휴가 제도라고 생각한다.*

10 도시락 배달? 봉사점수를 따야 한다

줄탁동시(啐啄同時).

닭이 알을 깔 때에 알 속의 병아리가 껍질을 깨뜨리고 나오기 위하여 껍질 안에서 쪼는 것을 '줄'이라 하고, 어미 닭이 밖에서 쪼아 깨뜨리는 것을 '탁'이라 한다. 2020년 추미애 법무부장관은 검찰개혁에 있어 내부적 개혁과 외부적 개혁이 동시에 일어나야 함을 강조하며 취임사에서 '줄탁동시'라는 사자성어를 사용하였다.

내가 처음 '줄탁동시' 사자성어를 알게 된 계기는 대구은행이 창립 40주년이 되는 2007년에 이화언 대구은행장이 신년시무식에서 던진 경영화두를 들었을 때다. 글로벌 초우량 지역은행으로 도약하겠다는 말과 함께 던진 '줄탁동시'가 어려운 사자성어였지만 줄탁동시를 이루어내기 위한 조건으로 솔선수범, 경청, 타이밍을 제시하고 노사가 화합하고, 임직원간 협조가 필수적임을 역설한 대구은행의 신년사가 신선하다고 생각했었다.

이렇게 매년 초에 조직이 지향하는 목표와 어울리는 사자성어를 발표하는 국내 은행이 많은데, 발표된 사자성어를 보면 그 해에 그 조직이 중점을 두고자 계획하는 부문이 조금은 보인다.

미국 은행도 연초에 가장 먼저 발표하는 슬로건이 있는데 대부분 지역 봉사활동에 관한 것이다. 미국 은행은 직원들에게 지역 봉사활동을 가능하면 많이 하라고 권한다. 매년 초에 CEO는 슬로건을 발표하면서 올 한 해 우리 조직은 얼마의 예산을 들여서 어떤 봉사활동을 하려고 하는지 그리고 각 나라별로 계획하는 지역 봉사활동에 대해 어떻게 지원할 것이고 담당자는 누구인지를 알려준다.

후원금을 내는 것도 지역 봉사활동에 포함된다. 노조와 합의가 되는 경우 월급에서 각 직급별로 차등적으로 결정된 후원금이 자동 인출되도록 시스템이 도입된 은행도 있다. 매년 직원들의 의견을 반영하여 후원금의 규모를 정하는데, 월급의 1퍼센트로 합의된 적도 있고 직원들이 낸 총 금액과 같은 금액을 은행 측에서 더하여 기부금으로 내기도 한다.

은행에서 봉사활동을 할 기관을 선정해서 직원들끼리 팀을 짜서 활동을 할 수도 있고 개인적으로 봉사기관을 찾아서 해도 된다. 봉사활동을 한 시간과 장소 등을 기록하는 프로그램이 있어서 봉사를 할 때마다 시스템에 입력을 하면, 개인별 그리고 나라별로 봉사활동한 시간이 발표되고 가장 적극적으로 봉사활동한 직원은 은행 내부 신문에 인터뷰 형식으로 소개가 된다.

보육원에서 봉사를 할 때다. 몇 명의 동료와 상도동 근처 보육원에 갔더니 백일 정도 지난 아기부터 서너 살 되는 아이들이 이십 명가량 있었다. 결혼하기 전이고 조카도 없던 때라서 아이들과 놀아준 경험도 없이 무조건 예뻐하는 마음으로 평소에 알고 있는 도리도리 짝짜꿍, 잼잼 그리고 '푸른 하늘 은하수' 노래에 맞춰서 손바닥치기 놀이 등을 하고 놀았지만 한 시간도 되기 전에 지쳐버렸다.

그러다 아이들끼리 부딪혀서 넘어진 아이가 울기에 얼른 안았는데 봉사를 시작하기 전에 받은 교육에서 가능하면 안아주지 말라고 주의를 준 이유를 알게 되었다. 한번 안긴 아이는 울음을 그치고 십여 분이 지나고도 내 품에서 내릴 생각을 안 했다. 내리려고 하면 내 목을 꼭 껴안고 발버둥을 치면서 울음을 터트리고, 다른 아이들은 자기들도 안아달라고 두 팔을 벌리고 발을 동동 구르면서 애절한 눈빛으로 나를 쳐다보았다.

땀은 비 오듯이 흐르고 결국 옆에 계시던 아주머니가 내게 안겨 있던 아이를 억지로 잡아 떼고서야 상황은 끝났다. 그곳에 계시는 아주머니들이 말씀하시길 어쩌다 한 번씩 봉사하러 오는 사람들이 아이들 버릇만 나빠지게 만들어서 봉사 팀이 왔다가 가면 본인들이 더 힘들다고 했다.

처음 봉사하러 오는 사람들은 아이들이 팔을 벌리면 열심히 안아주지만 평소에는 손이 모자라서 아이가 울어도 안아줄 수가 없다고 했다. 한 번 두 번 안기다 보면 버릇이 돼서 자꾸 안아 달라고 하고, 또 아이들 모두 골고루 안아주어야 하는데 현실적으로 그럴 상황이 안 되기 때문에 아예 안기는 버릇을 들이면 안 된다고 했다. 그 후 보육원에서 봉사를 할 때마다 아이들이 어른의 따뜻한 품을 그리며 안기고 싶어 하는 몸짓을 알면서도 쉽게 안아줄 수가 없었다.

'아름다운 가게'에 물건을 기부하고 판매하는 봉사는 재미와 보람도 함께 느낀 경험이다. 직원들이 내놓은 물건 중에 우리가 서로 사고 싶은 물건들이 많았다. 그러나 원래의 취지대로 기부하려고 갖고 온 물건들은 일단 '아름다운 가게'에 다 보내어 진열하였다.

일일 판매원들이 되어 자기가 기부한 물건을 더 잘 보이게 진열하려고 애쓰고, 하나라도 더 팔기 위하여 손님들에게 적극적으로 권하다가 내가 기부한 옷이나 신발들을 손님들이 사 갈 때는 굉장히 뿌듯했다. 그런 활동을 하다 보면 유난히 물건을 잘 파는 직원과 손님을 아주 잘 응대하는 직원을 발견하게 된다. 평소에 사무실에서는 못 보던 잠재된 재능을 볼 수 있는 시간이기도 했다.

수서에 있는 사회복지관에서 혼자 사시는 어르신들께 도시락을 배달하는 봉사를 할 때다. 음식은 정기적으로 봉사하시는 분들이 만들고, 우리 직원들은 도시락을 배달하고 전날 드신 빈 도시락을 수거하는 일을 담당했다. 아파트였기 때문에 어렵지 않을 거라고 생각하고 동과 호수가 적힌 쪽지를 들고 양팔 가득 도시락을 들고 배달을 시작했다.

대부분 연세가 많은 할아버지 할머니들이 혼자 사시기 때문에 벨을 누르고 한참을 기다려야 문을 열어주신다. 휠체어를 타고 문을 열어주시는 분, 앉아서 엉덩이를 질질 끌며 나오시는 분, 또는 문이 열려 있으니까 들어오라고 안에서 소리를 지르시는 분들도 계셨다. 그런데 간혹 문을 열면 여름이라 더워서 웃통을 벗고 계시는 할아버지들도 계셔서 뵙기에 민망한 경우가 있었다. 그 후부터는 봉사 시간이 조금 더 걸리더라도 2인 1조로 배달을 했다.

예기치 않은 상황도 생기고 어려움도 있었지만 도시락을 받아들고 '잘 먹겠습니다', '고맙습니다'라고 말씀하시는 어르신들께 도시락을 건네고 돌아설 때는 씁쓸한 마음이 들었다.

　지역 봉사활동을 했지만 본점에서 인정하지 않는 활동도 있다. 어떤 정치색이나 특정 종교와 관련이 있는 활동, 봉사활동의 대가로 보상을 받은 경우는 제외된다. 또한 특정 봉사를 하기 위하여 받은 교육 시간도 봉사 시간으로 인정되지 않는다.

　필라델피아에 사는 나의 매니저는 노숙자를 위한 쉼터를 짓는 봉사를 한다. 아이들과 함께 도움이 필요한 사람들에게 집을 지어주는 해비타트(habitat) 활동을 하는 모습이 보기에 좋다.

　일본에 있는 직원은 한국이 자연재해로 피해가 있을 때마다 개인휴가를 내고 와서 봉사활동을 한다. 이런 직원은 은행에서 하라고 해서 하는 것이 아니라 정말 순수하게 자발적으로 봉사활동을 한다. 하면 할수록 몸에 익는다고 할까. 처음에는 의무적으로 시작한 봉사활동이 경험이 쌓여가면서 순수한 보람도 느끼게 되고 자연스럽게 생활화가 되는 것 같다.

　본점에서는 봉사활동에 필요한 자금 확보를 위해서 정기적으로 이벤트를 한다. 직원들이 기부한 물품으로 바자회를 하면서 재미있는 게임을 준비하여 많은 사람의 참여를 유도하고 있다. 작년에는 은행장과 30분간의 대화권, 멘토를 정할 수 있는 우선권을 파는 반짝 경매행사도 했다.

한국을 담당하는 열정적인 직원이 은행장과 30분간의 대화권을 200불에 낙찰 받았다. 그 직원이 행장과 만난 자리에서 다음에 아시아로 출장을 올 때 한국을 꼭 방문해달라는 요청을 했다. 지난번 행장이 중국과 일본을 방문했을 때 한국은 들르지 않은 것이 섭섭했었는데 그 직원의 요청에 행장이 그 제안을 적극적으로 검토하겠다고 약속을 했다. 글로벌 은행은 본점에서 해외지점에 얼마나 관심을 갖고 지원을 하느냐가 무척 중요해서 행장의 방문은 큰 의미를 갖게 되는데, 자원봉사 활동을 위한 모금활동을 통해서 의도하지 않은 큰 수확을 얻은 것이다.

직원들의 봉사활동을 격려하는 차원에서 한 달에 한 번은 주중에 봉사활동을 하는 것이 허용된다. 지역사회를 위한 봉사활동은 확대하면서 직원들이 쉬어야 하는 주말은 철저하게 보장을 해주는, 주중에 봉사활동을 하는 것을 근무한 것으로 인정하는 이런 합리적인 배려가 많은 직장으로 확대되기를 바란다.*

11
EAP(Employee Assistance Program)

"엄마! 오늘 외부 코치하고 전화로 인터뷰했어요."

"무슨 인터뷰?"

"일 년에 몇 시간씩 회사에서 정해준 사람과 내가 갖고 있는 고민이나 얘기하고 싶은 주제에 대해서 전화로 편하게 이야기하는 거예요."

"아, 그래? 너는 무슨 얘기 했는데?"

"살 빼는 거요."

"하하하. 살을 빼고 싶기는 한가 보군."

미국에서 건설회사에 근무하는 아들이 최근에 새롭게 경험한 일이 뭐가 있었는지를 묻는 나의 안부 전화에 '외부 코치와 했던 대화'에 대해서 이야기를 해주었다.

네이버에 EAP(Employee Assistance Program)를 검색

하면 "직원지원 프로그램 중의 하나로 직원들의 스트레스 관리, 동료 또는 상사와의 관계에서 오는 갈등, 일과 삶의 조화와 균형을 갖는 방법에서 재정적인 문제까지 직원 개인이 갖고 있는 고민거리에 대하여 회사와 계약이 되어 있는 외부 전문기관과 상담, 컨설팅, 코칭을 무료로 받을 수 있게 만든 프로그램이다"라고 설명한다.

EAP는 1930년대 대공황기의 미국에서 유래한 제도로 근로자의 음주 문제를 해결하기 위하여 시작된 알코올중독 치료프로그램(OAP, Occupational Alcoholism Program)에서 비롯되었다고 한다. 이 프로그램은 처음에는 근로자의 음주 문제에 대한 전문가의 상담이나 치료를 지원하는 데서 출발하여 정신건강, 가족문제, 직장폭력, 실직과 이직 그리고 직장 내 괴롭힘 등 직무 몰입을 방해하는 여러 가지 문제를 해결하도록 돕는 프로그램으로 계속 발전하였고 현재에는 직원의 삶의 질을 높이는 부분까지 관심을 가져주는 단계까지 발전되고 있다.

미국의 경제지 〈포춘(Fortune)〉에 따르면, 미국 500대 기업의 약 80%, 1000명 이상 사업장의 76%, 50명 이상 사업장의 35%가 이미 2007년도부터 이 프로그램을 도입하였고 이 제도를 적극적으로 활용한 결과 산업재해도 크게 감소되었다고 한다.

많은 글로벌 은행들도 EAP를 운영하고 있는데 직원과 그 가족들까지로 범위를 확대하여 시행하고 있다. 직원들이 갖고 있는 많은 문제들이 가족과도 연관이 있기 때문에 직원의 가족까지 보살펴주는 대상의 확대가 바람직하다.

EAP 계약기관은 법적으로 필요로 되는 경우를 제외하고는 직원과 나눈 대화내용에 관하여 철저하게 비밀을 유지하도록 되어 있다. 직원의 매니저나 인사부에도 내용이 공유되지 않기 때문에 내가 갖고 있는 문제에 대하여 마음 편하게 외부 전문가의 도움을 받을 수 있다.

EAP 프로그램을 직원들에게 제공하고 있는 국내 은행도 있다. 직장생활을 하면서 동료나 가족에게 털어놓고 말하기 힘든 부분을 전문가에게 실컷 이야기하다 보면 자기가 미처 보지 못했거나 생각하지 못했던 부분에 대한 자기성찰이 일어난다. 이런 과정을 통해서 직원의 스트레스가 줄어들고 가정이 편안해질수록 직무에 몰입할 수 있고 업무 성과도 높아진다. 한국에서는 1999년 듀퐁코리아(Dupont Korea)가 처음 도입한 이래 2000년 이후 삼성, LG, 현대 등 여러 대기업이 EAP를 도입하였다.

"아들아, 다이어트에 대해서 코칭을 받고 나서 네가 느낀 점이나 변화된 생각이 있었니?"

"엄마, 그 전문가가 아주 집요해요. 살을 빼기 위해서 운동을 해야겠다고 말했더니 무슨 운동을 생각하고 있냐고 묻고, 언제부터 할 거냐고 구체적으로 날짜를 정해보라고 하고, 일주일에 몇 번 몇 시간씩 할 거냐고 계속 질문을 해서 진땀이 났어요. 그리고 얼마만큼 체중을 줄이고 싶은지, 목표 감량을 이루었을 때 내 모습을 상상해 보라고도 하고 그런 나의 변화된 모습을 보고 내가 어떤 생각이 드는지, 살을 빼고 나서 제일 먼저 하고 싶은 일이 무엇이고 누가 가장 기뻐할지 계속 생각해보라고 해요. 머리는 진짜 아팠는데 이야기하면서 많은 생각을 하게 되기는 했어요. 더 황당한 것은 계획한 3개월이 지나면 자기하고 또 한번 얘기해보자고 하는 거예요. 근데 집요하게 질문하고 밀어붙이는데도 짜증이 나지는 않더라고요. 내가 스스로 꺼낸 내용에 대해서 이야기를 해서 그런 것 같아요."

그러더니 말을 덧붙인다.

"엄마, 3개월 후에 감량하고 나면 엄마가 제일 기뻐할 것 같다고 했고요. 원하는 것은 엄마가 멋진 양복 한 벌 사주면 좋겠다고 얘기했어요. 알고 계시라고요. 하하하."

며칠 전에는 EAP 일환으로 사무실 내에서 간단하게 할 수 있는 스트레칭을 소개하는 시간을 가졌다. 원하는 사람들만 참가하면 된다. 멋진 요가복을 입은 강사가 사무실을 방문하여 '바른 자세'와 근무 시간 중에 틈틈이 긴장되어 있는 근육을 풀어주는 '스트레칭 동작'을 시범을 보이며 가르쳐주었다.

방금 배운 대로 여러 가지 자세와 동작들을 해보았다. 굳어 있는 근육과 평소에 잘 하지 않는 자세를 취할 때는 '으음', '아구구' 하는 한숨과 신음소리가 여기저기서 들렸지만 반응은 기대 이상으로 좋아서 일주일에 한 번씩은 이런 시간을 가졌으면 하는 의견이 많았다. 이렇듯이 은행에서 직원들에게 유익한 프로그램을 적극적으로 제공해주면 직장 분위기가 활력이 넘치고 에너지가 올라갈 것이다.

직장의 리더들이여, 직원들의 몸과 마음이 건강하길 원한다면 더욱 다양한 EAP를 만드는 데에 투자를 해보라. 나는 그 효과를 안다. 부메랑으로 풍성하게 살찌어 돌아온 그 성과를 경험한 많은 리더들을 만났기 때문이다.*

12
당신이 선택한 자리

아이들이 어렸을 때 패스트푸드점이나 패밀리 레스토랑에 가는 경우 아이들의 자리는 무조건 안쪽이었다. 식당 안에서 돌아다니지 못하도록 하는 가장 쉬운 방법이었다. 그런데 보통 안쪽 자리는 쿠션이 깔리고 넓고 평평해서 앉기도 좋고 직원들이 서빙을 할 때 방해를 받지 않는 상석이다.

바깥쪽은 움직이는 일인용 의자 형태로 자리의 위치와 의자의 편안함으로 보면 안쪽에 비해서 말석이다. 부모님을 모시고 간 경우에도 편안한 식사 분위기를 위하여 할머니 할아버지도 안쪽 자리를 아이들에게 양보하고 기꺼이 옆자리나 바깥쪽에 자리를 잡곤 하셨다.

고객과 식사를 할 때 자리 배치는 아주 중요하다. 고객을 상석으로 모시고, 식사 대접을 하는 우리가 출입구나 복도 가까이 앉는 것이 기본적인 매너다. 나는 고객과 식사를 할 때는 여러 가지 상황을 체크하기 위해 보통 약속 시간 15분 전에 도착한다.

맨 처음 확인하는 것은 예약 명단에 내가 오늘 만나는 고객들과 같은 직장 분들이 있는지를 훑어본다. 우리와의 식사를 접대를 받는다고 생각하고 가능하면 같은 직장 동료들 눈에 띄지 않기를 바라는 분들이 있기 때문이다. 예약자 명단을 벽에 써놓는 경우는 쉽게 알 수 있고, 예약 상황을 적어놓은 종이 장부에서 예약자 이름이나 직장명을 볼 수 있다.

가끔은 단골인 식당 측에 오늘 특정 직장에서 예약을 하였는지 물어보면 정확한 예약자 이름은 아니더라도 대개 직장명까지는 확인해준다. 같은 직장 사람이 예약되어 있는 경우 식당에 부탁하여 가능하면 서로 떨어진 룸으로 정하고, 고객들께 어느 방에 같은 직장 분들이 있는지를 참고하시라고 미리 말씀드린다.

그 다음 룸에 들어가서 자리 배치를 생각한다. 고객 중에 제일 직급이 높은 분을 어느 자리로 모실지를 생각해둔다. 대부분의 경우는 자리를 정하는 것이 그다지 어렵지는 않다. 출입문에서 먼 곳, 안쪽, 벽을 등진 쪽, 바깥 전경을 잘 볼 수 있는 전망 좋은 곳, 창가나 식당의 내부가 잘 보이는 곳이 상석이기 때문에 고객을 그 쪽으로 안내하면 된다.

어쩌다 가끔 고객들이 먼저 도착해서 상석을 우리를 위해 비워두는 경우가 있으나 접대를 하려고 초대한 우리가 상석에 앉기는 불편하다. 고객들을 상석으로 들어가시라 권하고 고객은 괜찮다고 서로 상석을 권하는 해프닝을 겪지 않기 위해서라도 초대하는 쪽에서 식당에 먼저 도착하는 것이 좋다. 음식을 보통 상석부터 서빙을 하기 때문에 우리가 어쩔 수 없이 상석에 앉게 되더라도 직원에게 고객부터 서빙을 하도록 얼른 귀띔을 해줘야 한다. 그래서 상석에 고객들이 앉는 것이 여러 면에서 편하다.

호텔에서는 식사 서빙을 할 때 특별한 경우가 아니면 대개 여자 손님부터 서빙을 시작한다. 보통 내가 홍일점인 경우가 많아서 나부터 서빙을 받게 되는데, 대부분은 직원에게 서빙 순서를 바꿔 달라고 살짝 말하지만 가끔씩은 호텔에서 하는 대로 놔두기도 한다. 그렇게 대접받고 싶은 날도 있다.

여의도 근처 전망이 좋은 식당에 약속 시간보다 빨리 도착하여 창가 너머로 한강을 구경하고 있었다. 미국에서 한국에 처음 방문한 동료들은 그날따라 유난히 더 파란 하늘 아래 출렁이는 한강의 멋진 광경과 평화롭게 운행하는 유람선을 구경하면서 "원더풀 코리아, 원더풀 서울!" 하며 감탄했다.

고객들이 도착해서 명함과 악수를 주고받은 후 부행장님이 얼른 한강이 제일 잘 보이는 자리에서 의자를 빼주며 우리 손님을 앉으라고 권했다. 외국 분에게 전망 좋은 상석을 양보하는 부행장님의 센스가 멋졌다. 매너 있는 부행장님 덕분에 식사 분위기가 더욱 화기애애하게 시작되었고 기분 좋은 화제가 이어졌다.

미국과 홍콩에서 손님이 오면 하루에 네 군데의 국내 은행을 방문한다. 차로 이동을 할 때 본점에서 온 사람을 차의 뒷자리 오른쪽 자리에 앉도록 하고 한국대표가 그 사람 옆에 앉는 것이 보통이다. 그리고 내가 앞쪽 조수석에 앉는다. 가끔씩 본점에서 온 매니저들 중에 본인이 앞에 앉겠다고 뒷자리를 양보하는 젠틀맨이 있다. 나이 많은 여성 임원에 대한 배려를 하는 것을 보면 기분이 좋다. 내가 존중받고 있다고 느끼게 하는 그 사람의 자상한 배려에 감사하게 된다.

우리 사무실 내 회의실은 그다지 크지가 않아서 20명 이상이 모이는 경우는 회의실 중앙 테이블에 놓여진 의자가 부족하다. 나머지 직원들은 회의실 벽면에 테이블 없이 의자만 있는 자리에 앉는데 직급에 따라 자리가 정해져 있지 않아 먼저 오는 사람이 자리를 잡아서 앉는다.

유심히 직원들을 관찰해 본 적이 있다. 좋은 자리가 남아 있음에도 벽 쪽 구석자리에 앉는 직원이 있는 반면, 신입에 속하는 직원인데도 테이블 가까이에 당당하게 앉는 직원도 있다. 중앙에 자리 잡는 직원의 얼굴에는 자신감이 보였다. 구석자리를 찾아다니는 직원의 얼굴에서는 소극적인 태도와 피곤함이 읽혀졌다.

직장생활을 시작하면서 읽게 된 책의 영향일까? 상황에 따라 다르기는 했지만 나는 신입직원 시절부터 가능하면 회의실의 중앙에 앉으려고 했다. 눈치 없음이 아니라 자신감 있는 당당함을 스스로 훈련하려고 애썼다. "회의실에서 중앙에 앉아라. 그것은 자신감의 표현이고 당신이 갖고 있는 열정을 보여주는 것이다"라고 자기계발서에서 조언한 대로 실천하려고 노력했다.

여러 차례 반복적으로 같은 자리에 앉게 되면 어느 때부터는 다른 사람들이 그 자리를 나를 위해 남겨둔다. 그 자리에 내가 앉는 것이 자연스럽게 느껴진다고 한다. 회의실에서 자기 존재감을 알리기 위한 첫 단계로 중앙에 자리 하나를 정해놓고 그 자리에 앉는 것부터 실천해보자. 그 방법을 통해서 나는 긍정적인 효과를 경험했다.

보통은 고객들 중에 제일 직급이 높은 사람이 자리를 잡으면 그 맞은편 자리에 우리 측 제일 상급자가 앉게 된다. 그런데 가끔 형식을 전혀 신경 쓰지 않는 분을 만날 때가 있다. 아래 직원들을 안으로 들어가라고 하고 본인이 테이블의 맨 가장자리에 앉는 부서장이 있다. 그런 분을 처음 볼 때는 형식에 신경을 쓰지 않는 쿨한 매니저라고 생각한 적이 있었다. 그런데 그분이 자리 배치를 그렇게 함으로써 우리 쪽에서도 가장 상급자가 문가에 앉게 되는 경우가 생긴다.

항상 눈을 맞추면서 얘기를 해야 하는 것은 아니지만 술을 권할 때도 그렇고 중요한 문제를 논의할 때는 비슷한 직급의 사람과 마주 앉아 대화하는 것이 편하기 때문에 기본적인 예의와 에티켓을 지키는 것이 서로에게 불편함을 주지 않는 비즈니스 매너라고 생각한다.

얼마 전 다 큰 아들 둘과 외식을 위해 나갔다. 아이들이 식당을 정해서 예약을 했기 때문에 아이들이 앞서서 식당에 들어가고 남편과 나는 뒤따라 들어갔다. 자리를 안내 받은 아이 둘이 안쪽으로 쑥 들어가서 먼저 자리를 잡았다. 누가 봐도 상석 자리에 건장한 아들 둘이 앉고 남편과 나는 그 맞은편에 앉게 되었다. 아직 사회인은 아니지만 '부모님이 더 편안한 자리에 앉도록 살펴보는 센스는 있어야 하는데' 하는 아쉬운 마음이 들었다.

순간적으로 머릿속이 복잡하게 돌아갔다. 이미 기분 좋게 자리 잡고 앉아 메뉴판을 들여다보는 아이들에게 자리를 바꾸자고 할 것인가, 아니면 그대로 놔둘 것인가? 비즈니스 매너가 중요하다고 직원들에게 큰소리를 치던 나였는데 아이들 교육도 제대로 못 시키다니 엉망이라는 생각이 들었다. 우리 아이들이 직장에서 상사들과 식사를 할 때나 고객과 만날 때 예의 바른 직장인으로 행동하기 위해서는 내가 가르쳐야 한다고 생각했다.

식사를 마치고 디저트를 먹으러 팥빙수 집에 가자고 제안한 후 내가 앞장서서 빨리 걸었다. 제일 좋은 자리를 차지하기 위해 키가 작은 내가 숏다리로 뛰다시피 걸어서 팥빙수 집에 일등으로 들어갔다. 그리고 말했다.

"아들들아, 여기서는 엄마 아빠가 제일 좋은 자리에 앉았다. 아까 식당에서 너희들이 안쪽에 먼저 앉는 바람에 우리가 바깥자리에 앉아서 밥 먹었는데, 이제 제대로 앉았다."

농담처럼 장난스럽게 얘기했지만 뼈를 가득 담은 진심을 전했다.

나는 믿는다. 우리 아들들이 내가 전하고 싶은 메시지의 포인트를 접수했을 거라고. 아까보다 훨씬 기분 좋게 카드를 뽑았다.

"팥빙수 큰 걸로 두 개 시켜. 엄마가 단 게 땡긴다."
내가 머리를 너무 많이 썼나 보다.*

13
사무실에 내 책상이 없다

"어머나, 이 자리밖에 안 남았어?"

"헉, 부장님 옆자리잖아!"

조금만 늦게 출근해도 내가 원하는 자리는 고사하고 윗사람과 마주하는 자리에 앉아서 하루 종일 근무해야 한다. 사무실에 내 자리가 없다. 내 책상이 없다. '스마트오피스'를 국내 은행보다 글로벌 은행들이 먼저 도입했다.

직원들은 아침마다 자기 부서가 있는 층에 도착하면 대형 스크린이 보여주는 자리 배치도에서 남아 있는 자리를 선택한다. 영화표를 예매할 때처럼 남아 있는 자리 중에 오늘 근무할 자리를 자기가 직접 선택해야 한다. 한 번 앉은 자리에는 연속적으로 며칠간 계속 앉을 수도 없다.

부행장, 그룹장까지는 개인 사무실이 있고, 부서장인 부장, 팀장들도 모두 똑같은 시스템에 따라 자리를 정하기 때문에 부서장과 마주 앉기도 하고 다른 부서 직원과 옆자리에서 만나기도 한다. 개인 물품은 바구니에 담아서 사무실 안에 있는 개인 라커에 두고 출근하면 꺼내어 쓰고 퇴근할 때 넣고 잠근다.

스마트오피스는 직원들이 지정석이 없이 강제적으로 섞이게 되어 다른 부서 직원들과도 쉽게 친해지고 소통의 기회가 생겨서 새로운 시각의 아이디어도 떠오르게 하고 부서간의 협조도 잘될 수 있지 않을까 하는 기대를 갖고 만든 새로운 개념의 오피스다.

많은 임원들과 부서장들이 일반 직원들과 훨씬 가까워진 공간으로 나와서 똑같은 규격의 책상에 앉아 근무함으로써 직급에 따른 위화감이 조금은 덜어지고 소통하기에 좀 더 나은 환경이 되는 것은 확실하다. 윗사람들의 입장에서는 개인 사무실 안에서 근무하는 것에 비하여 굉장히 불편해졌지만 소통과 평등 그리고 효율적인 면을 요구하는 시대의 흐름에 순응할 수밖에 없다.

대부분 업무를 지시하거나 보고할 사항들은 내부 이메일로 하고, 얼굴을 보면서 이야기를 할 필요가 있는 경우는 만나려고 하는 사람이 어느 자리에 앉아 있는지를 자리 배치도에서 확인하고 찾아가면 된다. 손님과 장시간 통화를 해야 하는 경우, 전화 컨퍼런스를 하거나 부서 간 미팅은 회의실을 예약해서 사용한다. 임원들의 방을 줄인 대신 크고 작은 회의실을 많이 만들었다.

미국 본점의 경우는 직원들이 휴가와 출장도 많고 재택근무도 많이 하고 업무시간을 탄력적으로 운영하기 때문에 같은 시간대에 사무실에 있는 직원은 전체 직원의 70%가 안 된다고 한다. 그렇기 때문에 모든 직원의 숫자만큼 책상과 자리가 필요하지 않아서 책상 쉐어링 제도를 생각하게 되었고, 스마트오피스 시스템을 도입함으로써 사무실 공간 운용비가 많이 절약되었다.

정원의 85% 정도만 늘 건물 안에서 일하는 것으로 파악한 어느 한 국내 은행은 본점을 신축하면서 스마트오피스 시스템을 도입하여 비용을 절감하고 남은 공간을 도서관, 피트니스센터와 같은 직원들의 복지후생과 관련한 시설로 활용하고 있다. 처음에는 자기 자리가 없어서 안정감이 느껴지지 않았지만 어느 정도 지난 요즘에는 익숙해졌다고 직원들이 말한다.

예전에는 직원들이 사진 액자, 좋아하는 마스코트나 인형, 또는 작은 화분으로 책상을 꾸미기도 하고 업무에 관한 참고서적과 프린트물을 책상 위에 많이 올려놓았다. 그런데 내 책상이 없이 작은 바구니 하나만을 들고 이 자리 저 자리로 옮겨다녀야 하면서부터 개인용품이 절대적으로 줄었다. 한동안 유행한 미니멀 라이프가 직장에서도 실행된 것이다. 주위가 깔

끔하게 정리되니 다른 잡생각을 덜 하게 되어 머릿속도 깨끗하게 되었다.

또 하나 바뀐 사무실 풍속도는 많은 직원들이 의자에 앉는 대신 서서 근무한다는 것이다. 책상의 높낮이를 내가 원하는 대로 조절할 수 있기 때문에 본인 키에 맞춰서 높이를 조절하고, 컨디션에 따라 오전에는 서서 일하고 오후에는 앉아서 근무하는 식으로 변화를 줄 수 있다. 오래 앉아서 근무하면 척추에 무리도 가고 아랫배도 나오는 단점을 조금이라도 줄이기 위해서 하루에 일정 시간은 서서 근무를 한 후로 몸이 가벼워지고 활력도 느껴진다.

나만의 책상, 나만의 공간이 없어진 대신에 우리의 책상과 우리 모두가 공유하는 공간이 생겼다. 자동차도 집도 공유하는 시대다. 많은 지식과 정보도 인터넷에 클릭 한 번만 하면 공유되는 세상이다. 세상이 변하는 대로 환경이 바뀌는 대로 카멜레온처럼 주위에 맞춰서 살아보자. 아날로그 세대라서 좀 느리기는 하지만 노력하면 적응할 수 있다는 자신감을 갖고 시대의 흐름에 도전한다.*

14
내부 직원을 융숭하게 대접하라

 날씨 좋은 계절이 오면 글로벌 은행 서울지점은 해외에서 방문하는 손님을 맞이하느라 눈코 뜰 새 없이 바쁘다. 웰스파고 은행은 본점이 샌프란시스코에 있고, 아시아 지역본부는 홍콩에 있다. 그러나 다양한 목적으로 런던, 마이애미, 미니애폴리스 등 여러 지역에서 동료들이 한국을 방문한다.

 마케팅을 담당하는 RM(relationship manager)은 한국의 대표선수 역할을 해야 한다. 해외에서 동료가 방문하면 그들의 업무 파트너로서 국내 은행과 미팅을 잡고 감독기관, 경제연구소 등 이들이 한국에서 만나고 싶은 사람과 확인하고 싶은 일들을 충분히 할 수 있도록 돕는다.

 보통 4월부터 6월까지 그리고 9월부터 11월까지가 외부 손님들을 맞아야 하는 성수기에 해당된다. 2019년 5월 일주일간 두 팀이 한국을 방문해서 국내 은행들과 미팅을 했다. 한 팀은 여자 둘 남자 하나로 세 명이 왔는데 샌프란시스코, 런던 그리고 홍콩에서 왔다. 그들의 고향을 물어보니 미국, 우크라이나, 말레이시아다. 정말 다국적이다.

한국에 온 동료들과는 하루 종일 업무와 관련된 미팅을 하고 대개는 저녁을 함께 먹는데 메뉴는 거의 바비큐다. 예산이 되면 소고기, 안 되면 삼겹살이다. 노릇하게 구운 고기와 우리가 하는 방식대로 소맥을 말아서 마시기도 하고 라이스 와인이라고 소개하면서 막걸리를 마시기도 한다. 윗사람이 술을 따라주면 두 손으로 받는 우리의 공손한 매너를 가르치는 것은 덤으로 알려주는 서비스다.

대부분 한국 음식을 먹어본 경험이 많고 잘 먹는다. 좋아하는 메뉴는 단연코 불고기가 1위, 잡채가 2위다. 불고기를 시키면 따라 나오는 여러 종류의 김치, 볶음류, 샐러드 등 한 상 가득 깔리는 반찬에 모두들 일단 감동을 받는다. 그리고 식탁 위에 올려지는 숯불 화로에 놀라고 질 좋은 한우 꽃등심의 마블링에 엄지 척 하며 원더풀 한다.

상추, 쑥갓, 겨자채, 깻잎 등 많은 야채에 고기와 생마늘 얹고 쌈장까지 더해서 한 쌈 그득 입이 터져라 먹으며 시범을 보이면 재미있어 하며 따라 한다. 거기에 소맥 한잔 걸치면 직급 불문, 국적 불문하고 급격하게 친해진다.

런던에서 근무하며 요가와 명상을 좋아하는 헬렌은 날씬한 40대 중국 여자로 쌈 채소의 종류에 관심을 보이더니 채소별로 한 쌈 한 쌈을 싸서 아주 맛있게 밥을 먹었다. 특히 압력밥솥에 지은 흑미의 쫄깃한 밥맛에 완전 반했다. 고기는 먹지 않고 한 가지 채소에 흑미밥과 쌈장을 얹어 담백하게 먹더니 이렇게 건강하고 맛있는 밥은 처음이라며 극찬을 했다. 채소별로 고유의 향과 맛을 느끼기 위해서 한 가지 채소로만 쌈을 싸서 볼이 터져라 입안에 가득 넣고 맛있게 먹는 모습이 사랑스럽기까지 했다.

삼청동에서 배불리 고기를 쌈 싸먹고 매실차로 입가심한 후 소화도 시킬 겸 설렁거리며 광화문까지 달빛 아래에서 함께 걷는다. 이런 코스로 방문자들과 시간을 갖게 되면 한국에 대한 좋은 기억을 갖고 돌아가게 되고 그 다음부터는 업무 협의가 훨씬 매끄럽다. 때에 따라 인사동, 이태원에 가기도 하고 젊은 친구들을 위해서는 가로수길을 가기도 한다.

국적이 달라도 하는 업무가 달라도 사람의 마음은 비슷하다. 한국에 왔을 때 조금 피곤하더라도 저녁을 함께하고 같이 걷는 추억을 쌓으면 우리에 대한 직장 내의 평판도 좋아지고 업무의 진행 속도도 몇 배는 빨라진다. 나의 저녁시간을 투자하면 몇 배의 좋은 결과를 얻을 수 있다.

미국 은행에는 국적이 인도인 직원이 많고 그들 중에 채식주의자가 꽤 많이 있다. 고기 종류만 안 먹는 친구가 있는가 하면, 멸치를 우려낸 국물이나 치즈 등 유제품까지 먹지 않는 친구도 있다. 채식주의자 동료와 한식당으로 가는 경우는 계란과 소고기를 뺀 비빔밥, 밀가루 파전, 김치전을 주문하거나 채식주의자용 커리를 파는 인도커리 전문점을 가기도 한다.

어떤 때는 고기 마니아와 채식주의자가 함께 한국에 오는 경우가 있는데 이런 경우에는 메뉴와 식당을 정하기가 쉽지 않다. 비빔밥을 포장해서 고깃집에 가든지 족발을 사가지고 커리집에 가든지 한다. 그래도 요즘 유명한 한식당에는 채식주의자를 위한 메뉴가 많다. 버섯으로 고기를 대체하고 콩이나 두부로 요리를 하고 도토리 말린 것을 볶아내고 맛있는 메뉴가 많이 개발되어 있어서 좋다.

한국 음식을 잘 먹고 좋아하는 친구들에게 정이 더 많이 가는 것은 인지상정이다. 하지만 종교나 체질적인 이유든 개인의 신념이나 가치관에 따라서든 고기나 특정한 한국 음식을 먹지 못하는 경우, 가능하면 그 직원이 감동할 만큼 성의를 갖고 대체 메뉴를 선택하고 대접하는 노력을 보여주는 것이 중요하다. 이런 작은 노력이 그들을 확실한 내 편으로 만드는 기회이기 때문이다.

성격이 아주 까칠한 여자 매니저가 한국에 왔다. 성격처럼 식성도 까다로운 이 여자는 매 식사 때마다 호텔 뷔페에 가자고 했다. 업무적으로 아주 중요한 파트너이기도 하고 나와 나이도 비슷하여 내가 전담해서 3일간을 매끼마다 뷔페에서 식사를 했다. 먹는 양도 적고 먹는 음식의 종류도 거의 비슷한데 매번 호텔 뷔페를 가려니 돈도 아깝고 지겨웠지만, 이 까칠하고 까다로운 여자 매니저가 원하는 대로 모든 것을 맞춰준 결과 그 여자는 한국에서 보내는 제안서는 항상 아주 긍정적으로 검토하고 있다.

글로벌 은행에서는 연말에 업무평가를 할 때 유관부서에서 받는 피드백 점수도 크게 반영이 된다. 그들로부터 점수를 잘 받고 업무협조가 잘 되는 것뿐만 아니라 한국을 찾아온 사람들을 성의껏 대접하고 나면 우리의 마음이 흡족하고 편안하다.

나의 저녁시간을 할애해서 내부 직원을 융숭하게 대접하라. 이런 것들이 칭찬과 함께 좋은 평판을 가져다주어서 나와 내가 근무하는 서울지점에 대한 이미지를 몇 단계 높이는 계기가 된다. 수익률이 좋은 확실한 투자다.＊

Chapter 3

In the Cafeteria

"글로벌 은행에서 근무해볼까?"

15
Diversity, 다양성에 적응하자

　글로벌 은행은 다국적자들이 모여 치열하게 경쟁하는 일터다. 나이, 성별, 학벌, 인종, 종교 등에 평등하고 게이나 레즈비언이거나 성 정체성과도 상관없이 동료들끼리 잘 어울려 지내는 것처럼 보이지만 개성이 강한 사람들이 모여 사는 이 안에 시기, 질투, 경쟁, 갈등, 편견이 없을 수는 없다. 그러나 기본적으로 다양성(diversity)을 이해하려는 마음가짐으로 서로를 존중하려는 노력을 많이 한다.

　한 조직의 예를 들어보자. 그룹의 대표는 40대 초반의 미국 국적의 여성이다. 그녀는 한때 주목받는 투자업무에서 일을 시작하여 시장의 긍정적인 환경 안에서 큰 성과를 냈다. 그래서 인정을 받게 되었고 마켓의 순환에 따라 유럽과 아시아를 돌아가며 담당하였다. 좋은 실적과 뛰어난 언변 그리고 눈에 띄는 세련된 매너로 최고 경영자의 눈에 띄게 되어 그룹장의 자리까지 올랐다.

그녀의 아래에는 인도네시아 출신의 40대 후반의 남자가 자리를 차지하고 있다. 어릴 때 미국으로 이민을 와서 원어민 수준의 영어를 구사하고, 낮밤을 안 가리고 치열하게 노력한 결과 그도 자기의 환경을 어느 정도 뛰어넘어 현재의 위치에 도달했다. 일중독이라고 할 만큼 모든 이메일에 10분 내에 답변을 한다. 그 이야기는 그 사람으로부터 받은 이메일에 대해서는 10분 내에 회신을 보내야 한다는 말이기도 하다. 상황은 주말에도 마찬가지다. 그 사람 아래의 보고 라인에 있는 사람들도 손에서 블랙베리를 떼어놓을 수가 없다. 항상 스탠바이 상태다. 행복 바이러스가 아니라 긴장 바이러스가 무섭게 아래로 퍼져나간다.

그 밑에는 눈치 빠른 50대 중반의 중국 국적의 매니저가 그동안 쌓은 경험으로 버티고 있고, 그 아래는 50대 후반의 대만인이 조용하게 본인이 맡은 업무를 잘 수행하고 있다. 한 그룹이 그동안 본인들이 보여준 실적과 능력으로 수직적으로 배치되어 있고 구성원들의 국적, 나이, 성별은 다양하다.

글로벌 은행의 조직은 철저히 보여준 실적과 성과에 따라 움직인다. 믿고 기다려주는 문화가 아니라 검증된 실력에 보상을 주는 현실적인 문화이고, 구성원들도 이런 분위기를 당연하다고 인정하고 받아들인다.

이렇게 환경과 문화가 가지각색인 여러 나라에서 태어나 교육받고 자란 사람들이 모여서 서로가 맞추어가며 지내다 보니 지켜야 할 에티켓과 말과 행동에 신경을 써야 한다. 이런 다양한 사람들이 모여서 근무하는 환경에 잘 적응하고 동료들과 좋은 관계를 유지하려면 어떤 것을 준비하고 무엇을 유의하여야 할까?

2019년 하반기부터 심각해지고 있는 중국과 홍콩간의 일국양제, 중국과 대만의 정치, 한국과 일본의 위안부, 독도문제, 인도네시아의 해외 근로자들에 관한 얘기 등 민감한 이슈들이 정말 많다. 하나의 같은 조직 안에 있지만 다양한 국적을 갖고 있는 동료들과는 민감한 외교, 정치에 관한 주제는 가능하면 피하는 것이 좋다.

중국인 매니저가 대만은 나라가 아니라든가 중국의 일부분이라는 식의 이야기를 노골적으로 하고, 누군가가 한국 사람 앞에서 일본 아베 정권의 경제정책을 찬성하는 발언을 한다면 아무리 개인적인 의견이라고 하더라도 분위기가 싸해지면서 아주 어색한 자리가 된다. 이런 상황을 예방하기 위해서 글로벌 은행에서는 직원들에게 다양성을 인정하고 평등을 강조하는 교육에 적극적이다.

글로벌 미팅에는 해외 모든 국가에서 매니저들이 참가하게 되는데 5백 명 정도 된다. 직접 얼굴을 보고 함께 식사를 하면서 대화를 나눌 때 우리나라 팀이 자신 있게 내놓고 분위기를 띄울 수 있는 주제는 단연코 K-Pop, 한류다. 싸이의 '강남스타일'은 과거 최고의 아이템이었다. 한국에서 온 참가자에게 자꾸 말춤을 춰보라고 해서 곤란했지만 끼 많은 사람들이 나서서 말춤을 추며 까르르대고 웃는다.

외국에 나가면 다들 애국자가 된다고 하듯이 다른 나라 사람들이 박찬호, 박세리, 싸이를 알고 있고 빅뱅에 이어 요즘은 류현진, 손흥민에 이어 BTS까지 대한민국 스타들의 이름을 말하며 엄지 척을 할 때마다 내가 대한민국의 국민인 것이 자랑스럽다.

글로벌 은행에서 근무하려면 다른 나라의 정치, 문화에 관심을 가져야 하고 각 나라별로 스포츠 스타와 유명한 영화나 음악에 관한 특별한 스토리 몇 가지는 알고 있는 것이 좋다. 깊은 내용까지는 몰라도 괜찮다. 다른 나라에서 온 동료에게 그들 나라와 관련된 이야기를 먼저 꺼낸다면 금방 친밀한 관계를 형성할 수 있고 대화가 풍성해진다.

세계 여러 나라에서 아주 다양한 문화 속에서 자라온 사람들이 하나의 조직에서 좋은 하모니를 이루기 위해서는 우리 모두가 상대방을 있는 그대로 인정하고 받아들이는 열린 자세가 필요하다. 글로벌 은행이라는 물속에서 편안하게 헤엄치기 위해서는 나부터 빗장을 풀고 사람들을 받아들여야 한다.*

16
코멘트력을 보여줘

    밀당은 청춘 남녀가 사귈 때만 하는 것이 아니다. 남녀노소와 무관하게 어떤 관계로 만났든, 사람과 사람이 만날 때 생기는 묘한 기류를 그다지 표 나지 않고 부드럽게 요리해 나가는 것도 밀당이다. 사귀는 사이에서 밀당을 잘하는 사람을 연애의 고수라 하고, 사회생활에서 밀당을 잘하는 사람에게는 분위기 파악을 잘하는 센스가 있다고 한다.

    센스가 있는 사람은 쉽게 상대방의 기분을 파악하고 은근슬쩍 표 나지 않게 상대방을 무장해제 시킨다. 그런 센스 덕분으로 인기도 많고 대인관계도 좋아서 직장에서는 동료뿐 아니라 선배와 후배와도 빠르게 친해진다.

    어떻게 상대방의 마음을 슬며시 터치해서 흐뭇한 감정을 끌어낼 수 있을까? 그 비결은 말을 조금만 신경 써서 잘하면 된다. 어떻게 말하느냐에 따라서 상대방은 당신의 팬이 되기도 하고 때로는 당신의 적이 되기도 한다. 친구와 동료들 사이에서 인기를 얻고 싶은가? 윗사람들로부터 인정받고 후배들이 당신을 따르게 만들고 싶은가? 그렇다면 때와 장소에 맞는 말을 하려고 노력하라.

당신이 지금 무슨 말을 하고 있는지, 당신의 말이 상대방의 마음에 어떻게 전달될지를 한 번만 미리 생각하고 말하면 된다. 가정에서도 사회에서도 인정받고 사랑을 받는 사람을 보면 대부분 때와 장소에 맞게 말을 잘하는 사람이다. 당신의 입은 당신이 조정할 수 있지 않은가. 살아가면서 그 정도는 해야 한다.

상대방의 말이나 행동에 대하여 나의 느낌과 생각을 말하는 것을 코멘트라고 하고, 적당한 타이밍에 상황에 맞는 인상적인 말을 할 수 있는 능력을 코멘트력이라고 한다. 아부를 하라는 것이 아니다. 사탕발림하듯이 달콤한 말을 하라는 것이 아니다. 상대방의 기분을 좋게 한다는 목적은 같지만, 아부는 진심을 속이면서 하는 과장과 거짓의 행위이나 코멘트는 상대방을 예리하게 관찰한 후 그만이 갖고 있는 개성이나 독특한 생각에 대하여 진심이 우러나는 나의 느낌을 긍정적인 언어로 임팩트 있게 말하는 것이다.

그렇게 말하기 위해서는 상대방을 그만큼 더 진지한 자세와 예리한 관찰력으로 바라보고 경청하여야 한다. 어떤 말에 그 사람의 눈꼬리가 올라가는지 어떤 단어에 그 사람의 입가에 미소가 번지는지를 눈여겨보아야 한다. 그런 생각으로 주위를 관찰하고 생활하다 보면 세상을 보는 우리의 눈은 섬세해지고 더 깊어진다.

대부분의 사람들은 하루에도 여러 번 코멘트를 할 상황이 생긴다. 와이프가 모처럼 스파게티를 만들어 평소에 잘 안 쓰는 크고 넓은 접시 한가운데 스파게티 면을 돌돌 말아서 식탁 위에 얹어 놓았을 때 당신은 어떤 코멘트를 날려야 할까?

순박한 남편은 사실에 입각한 말을 한다.

"어, 스파게티네. 나 오늘 점심에도 국수 먹었는데."

눈치 있는 남편은 말한다.

"이 접시에 스파게티를 담으니 멋지군."

고수인 남편은 이렇게 말한다.

"와, 일류 레스토랑에 온 것 같네. 나처럼 행복한 남편이 있으면 나와 보라고 그래."

누가 와이프의 사랑을 받을까?

큰 스포츠 경기를 앞두고 선수들을 인터뷰할 때 누가 어떻게 말하느냐에 따라 팬클럽의 규모가 달라진다.

순박한 선수는 짧게 말한다.

"열심히 하겠습니다."

눈치 있는 선수는 형용사 하나 정도는 붙여서 말한다.

"있는 힘을 다해서 우승을 하도록 최선을 다하겠습니다."

고수인 선수는 비장한 표정으로 이렇게 말한다.

"우리 선수 모두가 흘린 땀방울과 국민 여러분의 큰 관심에 보답하기 위해서 메달을 목에 걸고 돌아오겠습니다."

경기의 결과와 상관없이 인상적인 멘트를 남기고 떠나는 선수의 뒷모습에서 더 강력한 자신감이 보인다.

한 순간에 말 한마디로 상대의 마음을 움직이는 능력은 그 사람의 매력이자 경쟁력이 된다. 이것이 코멘트력이다. 걱정하지 말라. 상대의 심리를 파악하고 타이밍을 맞춰서 재치 있게 한마디 할 수 있는 능력은 연습하면 할수록 발전된다. 상대방의 말에 인절미처럼 찰진 코멘트를 하기 위해서는 먼저 상대방의 이야기를 잘 들어야 한다. 그가 하는 이야기 속에 나의 동의나 의견을 구하는 포인트를 재빠르게 알아차린 후 가능하다면 유머를 섞은 긍정적인 단어로 코멘트를 쳐주면 된다.

타이밍이 중요하다. 아무리 좋은 칭찬도 상대방이 받고 싶은 그때에 해주어야 효과가 백배다. 신이 나서 장황하게 당신에게 얘기하는 그 사람의 에너지를 끌어 올려주는 가장 좋은 방법은 적절한 타이밍을 잡아 나의 생각을 짧고 굵게 표현해주는 것이다.

TV 리포터들은 소문난 맛집을 찾아가서 음식을 먹은 다음 단순히 맛있다고 사실적으로 말하기보다는 그 맛을 비유와 은유를 섞어서 표현한다. 좋아하는 남자친구와 집 앞에서 뽀뽀하다 엄마한테 들킨 느낌이라고 표현하는 것이 매콤해서 혀가 얼얼하다고 말하는 것보다 강력하다.

코멘트력을 비즈니스에서 잘 발휘할 때 그 결과는 찬란하다. 거래 상대방을 만나서 브리핑이나 프레젠테이션을 할 때, 사람들의 관심을 끌 만한 결정적인 한마디를 내놓을 수만 있다면 그 한마디가 내가 팔고자 하는 상품과 나의 이미지를 인상 깊게 정리해준다.

코멘트는 여러 나열된 사실을 기억에 남도록 짧고 굵게 정리해서 말하는 것이다. 진정성이 보이는 의미를 담은 코멘트는 사람의 마음에 깊은 울림을 주지만 의미가 담겨지지 않은 코멘트는 성의가 없어 보인다. 의례적인 인사말 정도로밖에는 보이지 않는다. 코멘트는 타고난 말재주만으로 하는 것이 아니라 세심한 정성과 노력이 동반되어야 한다. 그래서 후천적 학습에 의해 숙련이 될 수 있는 것이다.

강력한 코멘트는 대화 상대자에게 '이 사람과의 대화는 정말 뜻깊었어'라는 인상을 남긴다. 비즈니스 관계에서는 헤어질 때 빈손으로 떠나게 해서는 다음번 만남을 기대하기가 어렵다. 오늘 뭔가 얻어가는 느낌을 갖도록 해야 한다. 인상적인 코멘트는 대화 상대자에게 뭔가 하나 건졌다는 생각을 갖게 하여 다음번 만남을 기대하도록 만드는 것이다.

전설의 복서 무하마드 알리는 인터뷰에서 '나비처럼 날아가 벌처럼 쏘겠다'는 유명한 말로 팬들을 열광시켰다. 짧은 시간에 강력한 메시지를 전달하는 광고 카피에 귀 기울여보자. 영화 대사에서 여러분 마음에 꽂히는 대사를 기억하자.

마릴린 먼로에게 물었다. 잠잘 때는 어떤 옷을 입는지. 마릴린 먼로가 대답했다.

"샤넬 No.5."*

17 인터뷰는 회사 화장실에서 시작된다

"몰라. 짜증나. 여기 찾느라고 뺑뺑 돌았어."

"알았어. 몰라. 끊어. 엄마 때문에 이 자켓 입고 왔더니 더워 죽겠어."

"아 몰라. 나 끝나고 친구 만날 거야."

화장실 안에 있던 나는 밖에 있는 아가씨가 무안해할까 봐 볼일을 다 봤지만 금방 밖으로 나올 수가 없었다. 인터뷰를 보러 온 아가씨인 듯한데, 본의 아니게 통화를 엿듣게 되었다. 인터뷰 보러 간 딸이 잘 도착했는지 걱정돼서 전화한 엄마한테 온갖 짜증을 다 부리고 있다는 추측이 되었다. 뭐가 그렇게 짜증이 나고 뭘 그렇게 모르는지. 자기가 취직하는 게 무슨 큰 유세라고 엄마한테 말하는 모양새 하고는. 쯧쯧쯧.

인터뷰를 보러 가면 그 회사 화장실은 가능한 출입을 삼가야 한다. 언제 나의 허점이 노출될지 모른다. 그 아가씨는 미처 생각하지 못했을 것이다. 건물 안으로 들어오는 순간부터 면접관이 점수를 매기고 있다는 것을.

"어머, 저 친구 방금 인터뷰 하고 나간 학생 아니에요?"
"맞네. 완전 업혀 가네."
오전 인터뷰를 마치고 직원들과 점심을 먹기 위해 명동으로 들어섰다. 우리 앞을 걸어가고 있는 남녀 커플을 보고 사무실 동료가 나지막하게 물었다. 맞다. 방금 전까지 내 앞에 앉아서 묻는 말에 다소곳하게 대답을 잘 하고 나간 학생인데. 허허, 남자친구를 대기시켜 놓았었군. 그래, 인터뷰 보느라 힘이 들기는 들었을 거다.

그래도 그렇지, 완전 기진맥진한 사람처럼 옆에 있는 남자친구한테 거의 파묻혀서 가는 걸 보니 그 모습이 그렇게 좋아 보이지는 않았다. 회사 밖에서 남자친구하고 보기 민망한 모양새로 걸어가는 것하고, 우리가 뽑는 자리에 적합한 사람인지를 판단하는 것하고는 별개의 문제다. 그러나 그런 친구보다는 다른 사람을 찾고 싶다.

인터뷰를 끝내고 나면 아직 생생한 느낌이 있을 때 면접관이 질문했던 내용을 잠시 정리해보는 것이 좋다. 본인이 예상하지 못했던 질문을 받은 경우 따로 메모를 해놓고 다음에 이런 질문을 받는다면 어떻게 대답할지를 생각해보는 것이 필요하다.

원하는 직장에 취직하기 위해서는 면접관에게 좋은 인상을 줘야 하고 내가 이제까지 공부해서 알고 있는 모든 지식을 보여줘야 한다. 어렸을 때 부모님한테 들은 밥상머리 에티켓 교육부터 대학 때 교양과목에서 배운 모든 인문학적 삶의 철학에 이르기까지 나를 잘 포장해서 보여주어야 한다.

한국에 있는 대부분의 글로벌 은행은 정기적으로 직원을 채용하지 않는다. 요즘은 은행 부문과 증권 쪽 부서 모두를 합쳐도 이백 명이 넘는 글로벌 은행이 많지 않다. 대부분 백 명이 안 되는 몇십 명 정도의 규모이기 때문에 정규직의 기회는 퇴직하는 직원이 있는 경우에야 겨우 생기고, 산후 휴가를 가는 직원을 대체하는 단기 계약직 자리만 가끔 생긴다.

그래서 글로벌 은행에 취직하기 원하는 사람은 많은 글로벌 은행에 이력서를 미리미리 넣어 놓아야 한다. 그리고 글로벌 은행에서 근무를 꼭 하고 싶다면 정규직 자리가 아닌 계약직 자리에라도 우선 발을 들여놓는 것이 좋다.

글로벌 은행에서의 몇 달간의 경험이 다른 글로벌 은행에 취직하는 데 확실하게 도움이 되기 때문이다. 계약직을 뽑을 때는 일부러 채용공고를 내지 않고 쌓여 있는 이력서 중에서 면접을 볼 사람들을 뽑기 때문에 많은 은행에 미리미리 이력서를 넣는 부지런함이 필요하다. 그리고 계약직 자리는 아무래도 경쟁이 덜하고, 면접을 보는 단계도 정규직보다는 간단하고, 면접 때 받는 질문도 훨씬 수월하다.

미국 은행에서는 뽑으려고 하는 포지션에 따라 각기 다른 질문지를 사용한다. 공통적인 질문은 당신의 장점이 무엇인지 그리고 단점이 무엇인지이다. 면접관은 지원자가 얘기하는 장점보다 단점에 대한 답변에 귀를 더 기울여 듣는다. 너무 솔직하게 대답하는 것은 자기한테 마이너스로 작용할 수 있다.

"제가 좀 내성적이어서요. 그냥 혼자 음악 듣는 걸 좋아해요."

"주말에는 잘 움직이길 싫어해요."

"많은 사람이 모이는 데 가는 것을 좋아하지는 않아요."

"새로운 사람들과 잘 친해지고 그러지를 못하는 편이예요."

이렇게 솔직하게 얘기를 할 필요가 없다. 본인 스스로가 단점이라고 말하면 완전 100퍼센트 그런 사람으로 도장을 찍게 된다. 단점처럼 얘기를 시작하되 듣고 있다 보니 그것 또한 장점처럼 느끼게 만들어야 한다.

"제가 뭘 하면 조금 완벽을 기하는 편이어서요. 같이 일하는 동료들이 피곤할 수도 있을 것 같아요."

"제가 좀 답답하다고 하는 선배들이 있어요. 굳이 제 입으로 얘기를 안 해도 다들 제가 한 것을 아시더라고요. 굳이 나서서 말하지 않아도 된다고 생각해서 가만히 있는데 선배들은 네가 한 건 네가 했다고 자랑 좀 하라고 그래요."

단점처럼 얘기는 하는데 듣다 보면 '책임감이 있나 보군. 잘난 척하면서 온 동네 떠벌리고 다니는 친구는 아니군.' 하는 생각이 든다. 단점을 말해보라고 하는 질문에 너무 정직하게 낚여서 술술 불 필요는 없다.

그 다음 공통적으로 중요하게 보는 것이 리더십과 팀워크다.

내가 예전에 받았던 질문 중에 살짝 당황했던 질문이 있다. 만약에 우리 부서에 실적도 좋지 않고 업무 태도에도 문제가 있는 직원이 있는 경우 어떻게 관리를 하겠느냐는 질문이었다.

그런 직원과 정기적인 면담을 통해 현재 담당하는 업무가 본인의 적성에 맞는지, 실적에 대한 본인의 평가 그리고 앞으로의 커리어에 대한 계획에 대해서 이야기를 나눠보겠다고 대답했다. 그러나 내가 대답을 하면서도 너무 일반적인 뻔한 대답이고 뭔가 부족하게 느껴졌다. 그래서 즉시 말을 덧붙였다.

"당신 같은 매니저한테 조언을 구하기도 하고, 인사부와 함께 이 직원을 발전시키는 방법에 대해서 미팅을 하는 것도 필요하겠습니다."

그 당시 나를 인터뷰했던 매니저가 하나의 팁을 주었다. 그런 직원과 면담을 하는 모든 내용을 기록으로 남기라는 것이다.

미국은 증거 제일주의다. 부당하게 해고를 당했다고 생각하는 경우 해고된 사람이 법적으로 회사를 상대로 소송할 수 있기 때문에 회사 측에서도 요주의 직원과의 면담 내용을 기록해놓는 것이 중요하다는 팁을 받았다. 현실적인 조언이지만 약간은 씁쓸한 마음이 들었다.

미국 은행에서는 지원자의 가장 가까운 가족이 은행의 업무와 관련이 있는 조직과 연관이 있는지를 확인한다. 지원자의 부모나 형제가 금융감독원과 같은 정부관련 조직이나 산업은행, 수출입은행, 기업은행 등 정부 지분이 많은 은행에 근무하는 경우에는 혹시나 불법적인 인사 청탁이나 뇌물성의 취업이 아닌지를 명확하게 확인한다.

예전에는 국내 은행 임원들이 본인이나 아는 분의 자제들을 위한 단기 인턴십을 요청하는 경우가 많았는데 요즘은 들어줄 수가 없다. 인턴십을 원하면 원하는 그 은행의 홈페이지를 통해서 본인이 직접 인턴십에 지원해야 한다. 인터뷰를 진행할 때 부모님이 금융권이나 은행권과 관련된 정부 조직에 근무 중인지를 확인할 때 솔직하게 대답해야 한다. 인사의 투명성을 확실하게 검증하는 절차이지 그런 이유로 역차별을 하지는 않는다.

어떻게 면접관의 마음을 사로잡을 것인가? 가장 중요한 것이 예의 바른 당당한 태도를 유지하는 것이다. 인터뷰를 너무 어렵게 생각해서 진땀을 흘리고 손을 떨거나 허리를 너무 꼿꼿하게 세우고 앉기보다는 자연스럽고 편안한 모습을 보이는 것이 좋다.

글로벌 은행에 따라 뽑는 직급별로 차이는 있지만 미국 은행은 인터뷰를 상당히 여러 번 한다. 마케팅 담당 경력자를 뽑는 경우에 인터뷰를 대충 다섯 차례는 한다. 일차로 인사부와 근무할 부서의 중간 관리자, 두 번째는 근무할 부서의 부서장과 옆 부서의 책임자들, 세 번째는 한국대표, 네 번째는 담당할 상품의 지역 담당자들 그리고 마지막 다섯 번째는 아시아의 총책임자 순으로 촘촘하게 인터뷰를 한다.

면접관이 한국에 있는 경우는 사무실 내에서 또는 사무실 근처 스타벅스에서 하기도 한다. 면접관이 해외에 있는 경우 화상통화로 인터뷰를 한다. 누군가는 화면에 지원자의 코만 보여서 코만 보면서 인터뷰를 했다는 웃기는 해프닝도 있다.

글로벌 은행 중에서 아주 프로페셔널 한 은행은 지원자에게 몇 명의 면접관이 인터뷰를 할 것인지, 면접관은 어떤 부서의 누구인지를 인터뷰하기 전에 지원자에게 알려준다. 아주 바람직하다. 외국인 매니저가 인터뷰를 할 때도 질문하는 내용은 앞에서 언급한 것과 크게 다르지 않다. 인사부에서 만들어주는 질문지를 사용하기 때문에 영어로 인터뷰를 진행하는 것만 다를 뿐이지 기본적으로 평가하는 부분은 한국인 매니저와 거의 비슷하다.

인터뷰는 우리가 일상적으로 나누는 대화에서부터 순서가 짜인 질문에 답을 하는 형식을 갖춘 공식적인 대화까지 다양하다. 취직을 하기 위해서 회사 측과 하는 채용 인터뷰, 스포츠 선수가 시합에 임하는 각오를 묻고 답하는 인터뷰, 어떤 이슈에 대하여 전문가의 의견을 들어보는 것도 모두 인터뷰다.

나는 앞으로 취직을 하기 위한 인터뷰는 하고 싶지 않다. 그러나 인생의 후반전을 멋지게 살아가면서 뭔가 마음속에 말하고 싶은 것이 넘쳐날 즈음 누군가와 이야기를 할 기회가 생긴다면 아래와 같은 인터뷰를 하고 싶다. 잔잔하면서도 가슴에 쏙 안기는 인터뷰다. 샹송 가수 에디트 피아프의 일생을 다룬 〈장밋빛 인생〉이라는 영화에 나오는 인터뷰를 소개한다.

이렇게 인터뷰에 응해주셔서 고맙습니다.
 – 내가 고맙죠.
질문지를 갖고 왔지만 그냥 생각나는 대로 질문을 드리겠습니다.
 – (끄덕끄덕)

가장 좋아하는 색은 어떤 색입니까?

— 푸른색이에요.

가장 좋아하는 음식은요?

— 쇠고기 정식이요.

현명한 삶을 살고 싶은가요?

— 이미 그런 걸요.

가장 믿을 만한 친구들은?

— 진정한 친구들은 다 믿음직해요.

노래를 못 하게 된다면 어떨지 생각해본 적 있나요?

— 더 이상 사는 게 아니지요.

죽음이 두려우세요?

— 외로움이 더 두려워요.

기도하세요?

— 그럼요. 전 사랑을 믿어요.

일을 하면서 가장 좋았던 기억은?

— 매번 무대에 막이 오르는 그 순간.

새벽을 좋아하세요?

— 피아노와 친구들이 있다면.

여성들에게 어떤 충고를 해주고 싶으세요?

— Aimez. 사랑하라.

젊은 여성들에게는요?

― Aimez. 사랑하라.

아이에게는요?

― Aunez. 사랑하라.

누구 옷을 뜨고 계세요?

― 누구든 이걸 입어줄 사람이요.＊

18
Background screening, 평판조회

'도대체 사람 하나 뽑는 데 몇 달이 걸리는 거야?'

글로벌 은행에서 Job opening 공고를 내고 최종적으로 뽑힌 사람이 실제로 출근하기까지 최소 세 달 이상이 걸린다. 많은 인터뷰 과정이 있고 최종적으로 평판조회(reference screening)를 하는 데 한 달 이상이 소요되기 때문이다.

평판조회를 하는 목적은 채용하려고 하는 사람이 범죄가 있는지, 부정적인 사건에 연루되어 신문이나 방송과 같은 미디어에서 거론된 적이 있는지를 보는 법적인 부분, 우리 조직과 팀 동료들 그리고 우리 고객들과 잘 맞을지를 보는 팀워크 관련, 인터뷰 과정에서 말한 경력이나 경험이 사실인지를 확인하는 데 있다.

평판조회를 하려면 조사 당사자에게 평판조회 동의서를 받아야 한다. 가장 많이 사용하는 방법은 당사자에게 조회를 부탁할 세 명 정도를 추천해달라고 한다. 세밀하게는 상사, 동료 그리고 후배로 나누어 세 명의 명단을 받아서 실행하는 경우가 많다.

물론 당사자에게 조회를 해줄 대상을 요청했을 때 본인이 명단을 주지 못하는 경우에는 최종적인 결정에 부정적인 영향을 미칠 수 있다. 과거에는 비공개 평판조회는 회사에서 당사자의 동의를 받지 않은 상태에서 임의로 여러 경로를 통하여 조회를 하기도 했으나 개인사찰 등의 이유로 현재는 거의 모든 경우 당사자의 동의를 받고 진행한다.

상사에게는 업무능력, 회사생활 매너, 근무태도 그리고 회사에 대한 충성심을 물어보고 동료에게는 팀워크, 인간성 그리고 협동력 등에 관한 질문을 한다. 후배에게는 리더십, 포용성, 선배로서 업무능력과 책임감에 관한 질문을 하게 된다.

그런데 이직을 하는 경우 면접을 보고 '일자리 제안(job offer)'을 받아서 계약 서명을 하기까지는 비밀리에 진행되기를 원하기 때문에 세 명의 평판조회 명단을 선정하는 것이 당사자로서는 쉽지 않은 일이다. 아직 채용이 확정된 것도 아닌데 괜히 이직한다고 여기저기 소문만 났다가 막상 이직을 못하게 되는 경우를 염려하지 않을 수 없다.

요즘은 우리나라 기업들도 경력직원 채용 시 평판조회를 하는 경우가 늘고 있다. 잡코리아가 인사담당자 418명을 대상으로 실행한 설문조사에 따르면 51.4%가 평판조회는 필요하다고 답했고, 중소기업보다 대기업이 더욱 중요하게 생각하여 대기업은 64.7%, 중소기업은 49.6%가 각각 평판조회를 한다고 응답하였다.

그런데 글로벌 은행과 우리나라 기업들이 평판조회에서 가장 중요하게 확인하고 싶은 부분은 조금 다르다. 글로벌 은행에서는 팀워크나 리더십을 중요하게 보는 반면에 우리나라 기업들은 지원자의 전문적인 업무능력을 많이 본다.

오랜 기간 직장생활을 하다 보니 평판조회를 의뢰받았던 경우가 많다. 현실적으로 평판조회 의뢰를 받은 경우 부정적으로 대답하기가 쉽지 않다. 그런 경우 직접적인 표현으로 평가를 주기보다는 정치하는 사람들이 은유적으로 빠져나갈 통로를 만들어놓고 말하듯이 애매하게 대답을 하게 된다. 그러나 인사부에 있는 사람들은 조회에 응답하는 사람의 몇 마디 대답만 들어도 거의 방향이 보인다고 한다. 이 대답이 진짜 진심 어린 강력추천형 대답인지 아니면 뒷일을 책임지기 곤란해서 어쩔 수 없이 대답하는 외교적인 표현인지 말이다.

업무 능력이 조금 덜하더라도 팀워크가 좋고 배려심이 많은 사람을 위한 평판조회라면 그 누구라도 최대한 좋게 대답하려

고 노력할 것이다. 그러니 평소에 상사, 동료 그리고 아래 직
원에게 덕을 쌓아야 한다.

 지금 함께 근무하는 현재의 직장에서 성실하게 최선을 다하
는 것이 더 나은 다음 직장으로 스카우트되어 가는 티켓을 확
보할 수 있는 길이다. 당신이 어떻게 하느냐에 따라서 지금 당
신 옆에 있는 이 사람들이 당신의 발목을 잡을 수도 있고 당신
에게 날개를 달아줄 수도 있다.＊

19
Outstanding Performance, 최고의 실적!

　'언제쯤이면 성적표를 받지 않고 살 수 있을까?' 하는 생각
을 하게 된다. 학교를 다닐 때는 시험을 치르고 성적을 받고
담임 선생님의 종합적인 평가를 받게 되고, 그렇게 받은 성적
은 꼬리표처럼 사회인이 되어도 계속 나를 따라다닌다. 직장
에서는 상급자로부터 업무실적과 업무태도에 관하여 매년 인
사고과를 받는다.

　연예인들이 모교를 찾아가서 생활기록부를 보고 그 당시의
성적표를 솔직하게 공개하는 TV 프로그램이 있다. 연예인으
로 성공한 지금이야 학창시절의 시험성적과 사회에서 성공하
는 것은 관련이 없다고 당당하게 큰소리를 칠 수도 있지만 보
통 사람인 경우 아무리 대범하고 털털한 성격이라도 학창시절
에 받은 좋지 않은 성적을 누군가에게 당당하게 공개하는 것이
과연 쉬운 문제일까?

직장생활을 시작하기 전에는 인사고과라는 것이 있다는 것을 미처 생각하지 못했다. 직장생활을 하면서 성적표를 받게 되고 그 등급에 따라서 승진과 월급 그리고 보너스 금액이 달라진다는 것을 몰랐었다.

매년 목표대비 얼마를 달성했는지, 부서 안에서 팀워크를 강화하는 데 어떤 역할을 했는지, 나 자신의 발전을 위한 공부는 어떻게 하고 있는지에 따라 평가 받고 점수를 받는 것이 그다지 유쾌한 일은 아니지만 조직사회에서 직원들 간에 뭔가 차등하는 기준이 필요하다니 그저 순응할 수밖에는 다른 방법이 없다.

KPI(Key Performance Indicator)란 국내 은행이 직원들의 실적평가를 위하여 사용하는 채점표로서 승진과 성과급의 기준이 된다. 은행마다 영업목표와 직무 등에 따라 배점을 달리하는데 주로 수익성, 잔액 규모, 고객 유치 등 상품판매 관련 요소 비중이 높다.

글로벌 은행에서는 직원들의 업무 성과를 어떻게 평가할까? 미국 은행은 직위와 직급에 따라 평가의 기준이 다르다. 마케팅부서인 경우 마케팅부서 매니저와 RM(relationship manager) 그리고 고객관리 팀의 업무를 평가할 때 각 항목별 가중치를 다르게 적용한다.

예를 들어 마케팅부서 매니저는 그해의 영업실적 성장률을

50%, 리더십 30%, 위험관리 20%로 평가하고, RM의 경우 영업실적 성장률은 30%, 리더십 20%, 위험관리 50%로 가중치를 달리한다. 고객관리 팀의 경우 업무처리 만족도, 팀워크, 고객관리 등과 같이 평가요소가 다르다.

매년 초에 개인별로 영업실적에는 어떤 것들이 포함되는지 평가는 어떤 기준으로 하는지에 대한 설명이 자세하고 명료하게 적혀 있는 업무평가표를 본점에서 이메일로 받는다. 그 항목에 본인이 목표로 삼는 실적의 규모를 담당 매니저와 협의한 후 시스템에 입력한다. 모든 직원이 예외 없이 해야 한다.

그렇게 입력한 목표치를 분기별 또는 상반기가 지날 때쯤 매니저와 중간점검 회의를 한다. 형식적인 절차로 생각되기도 하지만 이러한 과정을 통해서 매니저와 일대일 면담을 하고 업무를 하면서 겪는 어려움과 팀원들 간에 느끼는 마음고생이 있다면 그러한 불편함 등에 관하여 이야기할 수 있는 자연스러운 기회가 된다.

글로벌 은행마다 운영하는 방법은 조금씩 다르지만 많은 경우 연말이 되면 각 항목별로 본인이 자기 자신에 대하여 직접 등급을 매겨서 매니저에게 보내고, 매니저는 직원이 스스로 본인을 평가한 내용과 결과를 참조한 후 각 평가항목별로 매니저의 관점에서 일 년간 그 직원을 눈여겨본 결과대로 등급을 매겨서 인사부로 보내게 된다.

내가 신입 은행원 시절에는 exceeds, good, unsatisfactory 의 3단계로 평가를 받았다. 대부분이 중간 단계인 good을 받았고 약간은 형식적이었다는 기억이다. 그 후에는 수우미양가와 비슷하게 5가지 등급으로 세분화되었다. outstanding, exceeds, good, improvement needed, unsatisfactory로 나누어져 있다. 승진과 보너스를 제대로 받기 위해서는 exceeds 정도는 받아야 한다. 상대평가이기 때문에 부서에서 몇 퍼센트의 직원은 improvement needed를 받게 되어 어쩔 수 없이 인사고과를 받는 날에는 사무실에 긴장감이 돌기도 한다.

경쟁을 유발하는 상대평가 체제에서 성과를 올려서 좋은 평가를 받기 위하여 어떤 지점장은 직원들 개인별로 신규가입자 유치 실적을 공개적으로 매일 발표하여 직원들에게 스트레스를 주기도 한다.

이러한 평가제도는 창구에서 고객을 직접 대면하는 직원들이 많은 보너스를 받고 남들보다 빠르게 승진하기 위한 욕심으로 고객들에게 과잉 판매를 하는 부작용을 낳을 수도 있다. 실적을 올리기 위해서 강제적으로 상품을 묶어서 가입시킨다든가 우대금리를 미끼로 여러 상품을 끼워서 팔다가 문제가 된 사례들도 있다.

이런 문제점을 보완하기 위해서 미국의 대형 은행들은 일인당 판매 할당량을 없애고, 고객에게 설문지를 보내어 은행 직원이 제공하는 서비스에 대한 만족도를 체크하고 앞으로 계속 거래할 생각이 있는지, 다른 사람에게 은행을 소개할 의사가 있는지 등의 충성도를 중심으로 직원을 평가하는 방법으로 바꾸고 있다.

등급을 매기는 대신 앞으로 좀 더 개선이 필요한 부분에 대한 내용을 적어서 직원에게 알려주는 주관식으로 평가제도를 전환하고 있다. 독일 도이치뱅크, 벨기에 포티스 등 여러 글로벌 은행들도 고객과의 관계 강화에 중점을 두고 KPI를 개선한 모범사례로 꼽힌다.

국내 대형 은행들도 직원을 평가하는 KPI를 개선하려고 노력하고 있다. 무리하게 상품을 팔아서 고객에게 마이너스 수익률이 나는 것을 방지하고자 담당하는 고객 수익률 비중을 10%에서 30%로 높인다든가 고객의 만족도 평가를 포함하는 등 많은 고민을 한다.

연말에 최종적으로 받는 업무평가서의 항목 중에는 상급자가 평가한 내용에 대하여 평가 받은 직원이 '동의한다/동의하지 않는다'에 표시하도록 되어 있다. 매니저의 평가에 동의하지 않는 경우 당당하게 동의하지 않음에 클릭을 해서 인사부에 보내도 직원에게 아무 불이익이 없다. 그러나 최종적인 평가가 나오기 전에 매니저와 충분하게 의견을 나누고 앞으로 어떻게 더 나아질 것인지를 의논하는 것이 두 사람 모두에게 긍정적인 결과를 가져다준다.

　직장생활을 하는 동안에 나의 업무태도와 성과에 대한 타인의 평가를 피하기는 어렵겠지만 더 중요한 것은 내가 스스로를 평가하는 셀프 평가에서 A++을 받는 것이다. 솔직하게 나 자신을 되돌아볼 때 A++을 스스로에게 줄 수 있는 그런 자신감과 자부심이 있는 내가 되었으면 좋겠다.＊

20
글로벌 은행에 신의 아들이 있다

글로벌 은행에서 정년까지 근무하기가 쉽지 않았던 이유 중의 한 가지는 많은 은행이 몇 년에 한 번씩 실행했던 매력적인 조기퇴직 제도를 택하여 직원들이 도중에 은행을 떠났기 때문이기도 하다.

전산 개발로 업무가 자동화되거나 서울에서 하는 업무를 대만이나 인도 등으로 이전하는 전략적인 결정으로 직원을 줄여야 하는 경우가 있다. 이러한 결정을 내리는 배경은 단순한 업무를 일정부분 한 지역국가에 집중시킴으로써 그에 따른 업무 효율성을 높이기 위함이기도 하고 그곳이 한국보다 인건비가 싸기 때문이기도 하다.

글로벌 은행이다 보니 본점의 결정에 따라 한국에서 영업부문이 축소되어 근무하던 부서가 없어지거나 본점의 글로벌 전략에 의해 한국에서 아예 철수하는 상황도 있다. 또는 은행 자체가 인수나 합병 등으로 아예 변동이 생기기도 한다.

1995년 캐미컬은행과 체이스맨해튼은행이 합병했을 때 캐미컬은행 서울지점에는 60명 정도, 체이스맨해튼은행에는 120명 정도가 근무를 하고 있었다. 합병을 하면서 퇴직을 원하는 직원들에게 조기퇴직 보상 패키지가 발표되었고, 체이스맨해튼은행 직원 중 50명 정도가 조기퇴직 패키지를 받고 은행을 그만두었다. 나도 그때 50명 중의 한 사람이다.

각 은행마다 차이가 있기는 하지만 과거의 예를 보면 사업부문 조정이나 경비절감 등으로 조기퇴직 프로그램을 시행할 때는 퇴직금 이외에 근무연수의 1.5배에 18개월 치를 더하여 조기퇴직 상여금으로 준다. {(1.5×근무연수)+18개월}. 그러나 한국에서 은행이 완전히 철수하게 됨에 따라 직원들이 갑자기 직장을 잃게 되는 경우는 근무연수의 2배에 24개월 치를 더하는 등 {(2×근무연수)+24개월}, 조기퇴직에 따른 보상 상여금의 규모가 조금 더 크다.

글로벌 은행의 영업이 활발할 때는 조기퇴직을 하고 다시 다른 글로벌 은행이나 국내 증권사 또는 제2금융권 등으로 취직하는 것도 가능했다. 그래서 조기퇴직 프로그램이 발표되면 대부분의 직원이 퇴직 시 어느 정도의 금액을 손에 쥘 수 있는지 계산기를 두드려보고 심각하게 퇴직을 고려한다.

조기퇴직을 하기로 마음을 정하면 당연히 일이 손에 안 잡히고 점심시간에는 삼삼오오 모여서 퇴직하면 받게 되는 목돈을 어떻게 굴릴 것인가 하고 정보를 나눈다.

평소에 직설적인 농담도 잘하고 재테크에 관심이 많은 자금부 딜러가 여성 퇴직자들에게 농담 반 진담 반으로 설교를 늘어놓았다. 우리에게 친절하게 다가오는 그 어떤 남자도 우리가 받게 되는 목돈 냄새를 맡고 접근하는 것이지 우리가 아직까지는 쫌 괜찮아서 관심을 갖는다는 말도 안 되는 생각은 하지도 말라고 했다.

내가 조기퇴직한 해는 우리가 뼈아픈 금융위기를 겪게 된 IMF의 딱 1년 전인 1996년이었다. 실제로 나뿐만 아니라 퇴직하기로 결정한 많은 동료들이 국내 은행의 자산관리사들로부터 여러 번 전화를 받았다.

대부분 십 년 이상 근무한 직원들은 억대의 돈을 받았으나 나중에 건너건너 얘기를 들어보니 그 목돈을 제대로 제 품에 간수한 사람은 손에 꼽을 정도였다. 추파를 던지는 남의 손으로 넘어간 경우도 있고, 내 편인 줄 알았던 남편들 손으로 건너간 후 허공 속으로 사라진 경우가 여럿이었다.

남편이 주식거래하는 데 조금씩 빌려주었다가 IMF가 닥치면서 그 주식들이 휴지조각이 되기도 했고, 대출을 받아 돈을 좀 더 보태서 번듯한 상가 건물에 가게를 하나 샀더니 그때가 제일 꼭대기 가격에 산 것이고 IMF가 오면서 임대는 안 되고 대출이자는 천장까지 올라서 속이 까맣게 탄 친구도 있었다. 친정과 시댁에서 돈 들어갈 일만 있으면 전화를 해대고 우는 소리를 해서 사람 곤란하게 만드는 아주 다양하고도 기막힌 속 앓이들을 했다.

그러나 조기퇴직금을 활용해서 대박을 기록한 사람들도 있다. 프랑스계 은행에 근무하다가 1998년에 조기퇴직금을 받은 직원이 IMF로 인해 헐값에 나온 목욕탕을 샀다. 인테리어와 내부시설에 투자하고 열심히 관리하였더니 시설이 좋다고 소문이 나서 대박이 났다. 그는 현재까지도 합정동에서 가장 큰 사우나를 성공적으로 운영 중이라는 소문을 들었다.

또 다른 성공 신화를 달콤한 베이커리업계에서 만들어낸 사람도 있다. 미국 은행 총무부에 근무하다 거의 마흔이 다 되어 1996년에 퇴직하였고, 그때 받은 조기퇴직금을 알토란처럼 지키다가 빵집 대리점을 열었다. 생활력 강한 와이프와 둘이서 베이커리 본사에서 받아온 냉동 빵을 오븐에 넣어 굽고 관리하고 진열 판매를 하면서 성실하게 매출을 늘려나갔다. 이분들이 대박을 친 것은 크리스마스 케이크를 배달하는 서비스를 시작하면서부터였다.

그 당시 빵집에서는 배달 서비스를 하지 않았으나 이분은 근처에 있는 아파트 집집마다 원하는 대로 케이크를 배달했고, 대량으로 주문하는 회사들마다 밤을 새워가며 배달을 해줬다. 1997년도에는 택배나 퀵서비스가 그다지 활발하지 않던 시절이었으니 케이크 하나라도 정성껏 배달하는 그 모습에 감동받은 단골도 늘어났고 기록적인 케이크 판매로 베이커리 전국 대리점에서 1등을 했다. 이분의 성공사례가 일간지에 여러 차례 소개되었고 그 후 베이커리 본사에서도 이분이 하는 가게를 전폭적으로 지원해줘서 그 근처에 2호점을 내게 되었다.

또한 글로벌 은행을 다니는 우리들에게 '신의 아들'로 불리는 사람이 있다. 글로벌 은행이 한창 조기퇴직 제도를 실행했던 1985년부터 2000년도까지 15년간 세 번의 조기퇴직 특별 보상금을 받은 남자분이 있었다. 가는 은행마다 합병을 하든지 철수를 하는 행운(?)이 따랐다.

글로벌 은행을 다니면서 한 번의 조기퇴직 보상금을 받았다면 집안을 구한 사람이라고 말한다. 두 번 받은 경우 전생에 나라를 구했다고 하고 세 번을 받은 사람은 정말 신의 아들이라고 불린다. 퇴직금과는 별도로 평균 3년 치 이상의 연봉을 세 번이나 받았으니 경제적으로 모든 직장인의 부러움을 살 만하다.

그러나 가는 곳마다 문을 닫거나 합병을 당해서 없어지니

'터미네이터'라는 별명으로 불렸던 그분을 부러워만 할 일은 아니다. '신의 아들'이라고 불리던 그분이 현재 어떻게 지내고 있는지는 모르지만 마지막 퇴직할 때 그분의 모습은 활기차 보이지가 않았다. 본인이 속한 조직이 날로 성장하는 것이 아니라 합병당하거나 철수를 하거나 하면서 쇠퇴하고 동료들이 짐을 싸서 떠나가는 모습을 보면서 젊은 날을 보낸 것이다.

신의 아들과 딸이 되기를 바라면서 글로벌 은행에서 일한 것은 아니다. 그러나 글로벌 은행은 어떤 환경적인 변수로 인해서 영업을 끝내고 한국에서 철수할 가능성이 있다는 것은 알고 있어야 한다. 그런 면에서 국내 은행보다 직장의 미래가 불안정한 것은 사실이다. 그러나 도전적이고 새로운 환경에 잘 적응하는 젊은이라면 글로벌 은행에서 열정을 불태워보는 것도 또 하나의 흥미로운 선택이 된다.*

21
It was a nice cruise

"Gray가 언제 그만뒀어? 떠난다는 이메일 왔었나?"

"못 봤는데."

아니, 왜 쥐도 새도 모르게 사라졌지? 오랜만에 연락을 하려고 찾아보면 내부 전산망에서 이메일 주소가 없어진 동료를 발견할 때도 있고, 이메일을 보냈는데 회신이 없어서 몇 번 다시 보내다가 해당 부서에 있는 다른 직원에게 확인해보면 그 직원이 그만두었다는 소식을 받을 때가 있다.

떠난다는 이메일도 없이 갑자기 그만둔 경우는 구조조정이 되었거나 불명예 해고가 되어 갑자기 떠난 경우이기도 하다. 정상적으로 은행을 떠날 때는 그동안 업무를 하면서 관련되었던 동료들에게 굿바이 이메일을 보내는 것이 글로벌 은행에서의 일반적인 관례다.

글로벌 은행에서는 직원들 간에 이메일을 통한 소통을 활발하게 한다. 행장으로부터 일 년에 10회가 넘게 이메일을 받는다. 새해 인사와 그해에 중점을 두고 있는 사업목표와 전략에 대한 큰 그림을 알려주는 이메일을 매년 초에 받는다. 최고 경영진에 대한 인사이동과 대규모의 조직개편 그리고 분기별로는 영업실적에 대한 내용의 이메일이 온다.

고위급 매니저가 은행을 떠나는 경우 행장은 이메일을 통해 떠나는 매니저의 그간의 노력과 공로를 치하하고 앞으로의 건강과 행운을 기원한다.

그리고 은행이 중요하게 생각하는 지역 봉사활동과 직원들이 서로 존중해야 하는 다양성(diversity)을 강조하기 위한 내용은 행장이 꼭 챙겨서 모든 직원들에게 주기적으로 이메일을 보낸다. 연말에는 한 해를 마감하면서 일 년간 열심히 최선을 다해준 직원들에게 감사를 표하고 행복한 새해를 기원하는 이메일이 온다.

행장의 이름으로 오는 이메일과 별도로 각 비즈니스 그룹별로 총 책임자가 주요 사안이 있을 때마다 그룹에 소속된 직원에게 이메일을 보낸다. 그 다음은 비즈니스 그룹을 미주, 유럽, 아시아로 나누어 지역 책임자로부터 이메일이 오고, 아시아 중에서 OECD 국가들로 구성된 팀의 책임자로부터 이메일이 날아온다.

국내 은행들이 사업부문 그룹과 그룹 내에서도 부서를 하나로 묶었다가 독립시키기도 하는 조직체계에 관한 고민을 매년 하는 것처럼 글로벌 은행도 사업부문과 부서별 통폐합을 매년 고민하고 있다. 마케팅과 상품 그리고 크레딧 심사부가 한 그룹 내에 있다가 분리되었다가 하는 변화가 자주 있다.

OECD 국가를 담당하는 책임자로부터 이메일은 거의 매일 온다. 결론적으로 말하면 글로벌 은행에서는 정보를 구성원들과 많이 공유하기 때문에 내가 받은 이메일만 제때 정확하게 읽으면 은행이 어떻게 돌아가고 있는지를 모든 직원이 자세하게 알 수 있다.

그러나 많은 이메일로 정보의 홍수를 이룰 때가 많아서 그날 받은 이메일을 다 읽지 못하고 퇴근하면 계속 쌓여가는 이메일 때문에 초조함이 느껴지기도 하고, 담당자나 승인절차의 변동과 같은 필요한 정보와 소식을 제때에 알지 못하고 지나가서 업무에 차질을 겪기도 한다.

많은 이메일 중에 지우지 않고 보관하는 이메일이 있는데 그중에 하나가 'It was a nice cruise'라는 제목이 달린 이메일이다. 나를 인터뷰해서 뽑아준 김충곤 대표님이 퇴직하시면서 직원들에게 보낸 이메일이다. "Spectacular한 16년이었다"는 말로 시작하는 메시지에는 대표님의 자부심이 가득 담겨 있었다.

필라델피아내셔널은행 서울 사무소로 시작해서 1997년에 코아스테이츠은행을 사무소에서 지점으로 승격시키고 퍼스트 유니온내셔널은행, 와코비아은행, Harris은행과 UBOC은행과의 합병과정에서 순조롭게 지점을 운영했던 기억, 일 년에 몇십 만 마일의 출장을 다니면서 국내 은행의 해외지점들과도 업무를 성공적으로 이루었던 뿌듯함이 직원들에게 보내는 마지막 이메일에 담겨 있었다.

1997년 아시아 외환위기 속에서 미국 은행으로서 국내 은행에 달러 자금을 계속 공여할 수 있었던 자부심과 최선을 다하여 노력하며 함께 성과를 이루었던 동료 직원들에 대한 고마움도 한껏 포함되어 있었다.

'It was a nice cruise'라는 제목처럼 우리는 같은 목표를 향하여 한 배를 타고 운명공동체라는 사명감으로 일했었다. 나 또한 김충곤 대표님을 존경하며 많이 따랐고 함께 일할 수 있었던 것은 행운이었다. 김충곤 대표님! 저도 대표님과 함께 근무했던 그때가 영원히 잊을 수 없는 위대한 항해였습니다! *

Chapter 4

Lunch Together
"글로벌 은행에서도 뽐내기는 필요하다"

22
언어의 품격

"어디까지 오셨어요?"

"아직 양지터널 진입 못했어요. 손님들하고 먼저 식사 시작하세요. 내 것도 하나 시켜 놓고요."

"뭘로 시킬까요? 그냥 아무거나 하나 주문할까요?"

"아무거나는 말고 빨리 나오는 걸로 하나 시켜주세요."

아차 싶었다. 손님과의 골프 약속 시간에 늦어서 정신이 없는 와중에도 그분은 나의 말실수를 정확하게 잡아냈다. 그때는 얼굴이 화끈거리고 창피했지만 그 일이 있은 후로 말을 할 때 단어도 더 신중하게 선택하려고 신경을 쓰게 되었고 말을 품위 있게 하려고 노력하게 되었다.

"요즘 애들은 무슨 생각을 하고 사는지 몰라. 전부 셰프가 되고 싶다고? 세상이 이상해지는 것 같아."

"아빠, 그게 무슨 소리예요?"

분위기가 살짝 다운된 듯이 조용하다가 조금 지나 거실에서 남편의 목소리가 들렸다. 아빠가 하는 얘기를 '소리'라고 표현하는 것은 맞지 않다고 차분하게 아들을 가르치는 아빠의 바른 모습이 보기에 좋았다.

코칭이란 '말하는 법'을 배우는 것이다. 상대방과 얘기를 나눌 때 그 사람에 대한 편견이나 선입견을 갖지 않고 미리 판단하지 않는 것이다. 있는 그대로의 사실을 인정하고 상대방이 마음을 열고 생각이 발전되도록 질문하고 경청하며, 말하는 법을 배우는 것이다.

대학원에서 코칭을 배우면 배울수록 말하는 것이 어렵게 느껴진다. 두렵기까지 하다. 말하는 것에 관심을 갖고 공부하다 보니 자연스럽게 다른 사람들이 말하는 것을 귀 기울여 듣게 되고 그 안에서 그 사람의 말하는 습관이나 귀에 걸리는 것을 발견하게 된다.

"막말로 자기네가 재벌이야? 왜 그렇게 잘난 체를 해? 사람들이 품위가 있어야지."

왜 구태여 '막말로'라는 단어를 앞에 사용하는가? 본인이 지금 하는 말이 막말이라고 인정하는 것을 아는 걸까? 하는 의심이 든다.

막말 방송으로 유명한 방송인이 있다. 본인의 독특한 존재감

을 부각시키기 위해서 그렇게 막말을 방송에서 줄기차게 쏟아
내는지 모르겠지만 듣기에 불편한 경우가 많다.

"들으면 기분 나쁘겠지만, 네가 요즘 감이 좀 떨어지는 것
같아. 새로운 것이 안 보여."

상대방이 들으면 기분 나쁠 줄 뻔히 알면서 꼭 그렇게 얘기
를 하는 이유는 무엇인가?

누군가의 설명을 한참 들은 후에 '그렇지만 말이죠'라고 입
을 뗀다면 이제까지 설명한 사람의 기운을 빼는 행위다. 상사
나 선배들로부터 따돌림을 받고 싶지 않다면 '그렇지만 말이
죠'라는 말을 '그렇군요. 저는 이러이러한 생각도 듭니다' 정도
로 바꿔보면 어떨까?

캐나다 국적의 방송인 헨리는 말을 예쁘게 잘 사용한다. 〈나
혼자산다〉라는 TV 프로그램에서 그가 사용하는 말을 유심히
들어보았다.

"저 잘해요. 할 수 있어요. 괜찮아요. 좋아요. 자신감을 가져
요. 미안해요. 고마워요. 사랑해요."

이런 말들은 듣는 사람의 에너지를 올려주는 동시에 긍정적
인 자기 암시의 표현이다. 본인의 입에서 나온 에너지가 본인
의 귀로 들어가서 '난 이런 사람이야' 하는 좋은 생각을 굳혀
준다.

"나는 오늘 기분이 좋았다. 왜냐하면 자동차 바퀴를 두 개나 갖고 놀 수 있어서다."

"나는 오늘 엄청 울었다. 왜냐하면 친구랑 부딪혀서 입술이 깨지고 피가 많이 났기 때문이다."

우리 큰아들이 초등학교 1학년 때 쓴 일기의 일부분이다. 우리 아들은 첫 줄에 그날의 자기 기분이 어땠는지를 쓴다. 그리고 항상 '왜냐하면'이라고 쓰고 관련된 이유를 쓴다. 그래서 우리는 큰아들을 '비코즈맨(because man)'이라고 닉네임을 지어줬었다.

며칠 전에 '왜냐하면'에 관한 기억이 떠올라서 큰아들과 어릴 적 이야기를 하게 되었다.

"엄마, 저는 아직도 말할 때 그런 습관이 남아 있는데 졸업 발표할 때 칭찬 받았어요."

발표를 듣고 교수님이 "자네가 오늘 발표한 것에 모두 동의하는 것은 아니네. 하지만 자네가 주장하는 생각을 근거를 갖고 논리적으로 접근하기 때문에 신뢰가 더 가네"라고 하셨단다. 교수님한테 좋은 피드백을 받은 우리 아들 기분이 너무 좋아서 그날 맥주를 엄청 마셨다고 한다.

필라델피아에서 온 매니저와 처음 만난 날, 일대일 면담을 할 때였다. 그분이 은행의 비즈니스 전략에 대해서 쭉 설명하는 과정에서 3분 정도 얘기하고 "Are you following me?" 하고 묻고 또 3분 정도 얘기하고는 "Are you following me?" 하고 묻는 것이다.

'내가 못 알아듣는다고 생각하나? 왜 자꾸 자기가 하는 말을 잘 따라서 듣고 있냐고 묻는 거야? 자존심 상하게.'

나중에 알았다. 그것이 그 사람이 말하는 습관인 것을.

사무실에 영어를 잘하는 동료가 있었다. 옆자리에 있어서 그 사람이 통화를 할 때 다 듣게 된다. 그분은 항상 "You know what?"으로 모든 문장을 시작했다. 10분 정도 통화를 할 때 세어보지는 않았지만 아마 스무 번은 더 들은 것 같다. 이런 것도 좋지 않은 습관이다. You know what? '아니 나 모르는데 왜?'

사무실에서 선글라스를 끼고 있는 K직원을 똑바로 쳐다보지 못했다. 그 직원이 무안해할까 봐 말도 안 걸고 아무 일도 없다는 듯이 주변에 있는 우리들이 신경을 더 썼다. 뭔가 얼굴에 손을 댄 것 같은데 본인이 아니라고 하니 그렇게 믿을 수밖에. 일주일이 지나고 선글라스를 벗은 그 직원의 눈 밑에는 과학의 힘과 돈의 효과가 보였다. 그 효과는 필러의 덕분이라고 나중에 전해 들었다.

'필러(Filler)'란 채워주는 것, 충전제다. 성형외과에서 말하는 필러는 콧대가 낮거나 없는 사람 그리고 푹 꺼져 있거나 낮은 부위에 주입하여 채워 넣어주는 시술을 말한다.

또는 시간을 채우기 위해 준비해두는 프로그램이나 풍경 영화와 같은 단편영화 그리고 가벼운 음악 프로그램도 필러라고 하고, 신문이나 잡지에서 여백을 메우기 위한 작은 박스 기사도 필러라고 한다.

말하는 습관 중에 '음, 저, 또, 그러니까'처럼 그 다음 할 말이 생각이 나지 않을 때 자기도 모르게 반복적으로 쓰는 단어들이 있다. 말하는 사람은 정작 알아차리지 못하지만 듣는 사람들은 그렇게 반복되는 단어들이 귀에 거슬린다. 그렇게 '말과 말 사이의 공간을 채워주는 말'도 필러다.

오바마 대통령은 연설 중에 불필요한 필러를 하나도 넣지 않는 탁월한 연설가로 유명하다. 문장과 문장 사이를 뭔가로 채우는 대신 그 자리를 그대로 비워둔다. 그 짧은 틈새에 말하는 사람은 다음 문장을 말하기 위한 호흡을 얻을 수 있고 듣는 사람은 그 사이에 방금 들은 문장을 머릿속 빈 공간에 차곡차곡 정리할 수 있다. 필러를 사용할 때와 비워줄 때를 잘 구분하자. 한국어를 말할 때와 영어를 말할 때 모두 해당된다. 내가 말할 때 어떤 습관이 있는지를 꼭 확인해서 개선할 것은 꼭 연습하여 바꿔 나가자. 당신이 하는 말을 들으면 당신이 이제까지 살아온 과거뿐 아니라 당신의 내일이 어떻게 펼쳐질지 상상이 간다. 왜냐하면 당신의 말은 당신을 닮았기 때문이다.*

23
해피밀과 해피아워

아이를 키우면서 행복했던 추억 중의 하나는 반바지 차림에 슬리퍼를 신고 아이와 동네를 어슬렁거리다가 맥도날드에 가는 것이었다. 분위기도 편하고 가격도 크게 부담스럽지 않아 자주 들르곤 했다. 아이는 매번 어린이메뉴 해피밀 세트를 시키고 나는 햄버거를 먹든 감자튀김과 콜라를 마시든지 하면서 적어도 한 시간 정도는 아이로부터 해방이 될 수 있었다.

해피밀 세트를 살 때 함께 주는 새로운 플라스틱 장난감에 온전히 정신이 팔린 아이는 옆에 엄마가 있는지 없는지 관심도 없다. 맥도날드 장난감은 예쁘고 앙증맞게 생겼고 작지만 탄탄하게 생겨서 어른인 내가 봐도 여러 컬러의 모든 모양을 다 모으고 싶을 정도였다.

뉴스를 보니 영국 맥도날드에서는 얼마 전부터 플라스틱 사용을 줄이기 위해서 해피밀 세트에 플라스틱 장난감 대신 봉제

인형이나 보드 게임 등 재활용이 가능한 제품을 주기로 결정했다고 한다. 우리 어린 친구들이 실망하지는 않을는지, 새롭게 시도하는 대체품도 어린이들 마음에 들었으면 좋겠다.

우리 은행에는 두 달에 한 번씩 부서에 있는 직원들끼리 회식을 하도록 경비를 지원해주는 '해피밀' 제도가 있다. 같은 부서 직원들끼리 단합대회를 하거나 업무가 관련된 타 부서 직원들과 함께 뭉쳐서 저녁을 먹기도 한다. 때로는 영화를 보고 맥주 한잔을 해도 된다.

매번 비슷한 방식으로 해피밀 경비를 쓰다가 슬슬 지겨워질 무렵에 지점장님이 새로운 아이디어를 냈다. 부서 직원을 세 그룹으로 나눠서 한 그룹씩 돌아가면서 이벤트를 기획하는 것이다. 그 달에 이벤트를 주관하는 팀원들을 제외하고 다른 사람들에게는 어떤 행사가 기다리고 있는지 당일까지는 극비리에 진행하기로 했다.

어떤 행사일지 기다리는 재미까지 더해졌다. 같은 비용을 갖고 부서 직원들에게 최상의 만족을 주기 위해서 각 팀들이 아이디어를 짜고 준비하느라 바빴지만 두 달에 한 번씩 아주 기대되는 행사가 되었다.

우리 팀 차례가 돌아왔다. 나는 기본 원칙 세 가지를 세웠다. 첫째, 사무실 내에서 모든 행사를 마치자. 둘째, 눈 코 입이 모두 즐겁게 하자. 셋째, 끝날 때 갖고 갈 선물을 준비하자.

2007년 즈음에 우리나라에는 바리스타 열풍이 불었다. 와인 소믈리에가 한창 유행이었다가 커피전문가 바리스타가 그 뒤를 이었다. 바리스타를 양성하는 학원도 많이 생겨서 젊은 사람뿐 아니라 커피를 즐겨 마시는 중년들까지 남녀노소를 가리지 않고 바리스타에 관심이 많던 시절이었다.

우리 사무실은 소공동이었는데 건물 1층 로비에 'Coffee Bean'이 있어서 아침마다 출근할 때 로비에서 진한 커피 향을 맡으며 사무실로 올라가는 기분이 꽤 괜찮았다. 거기서 아이디어를 한 가지 얻어서 커피빈 코리아 홈페이지 문의사항 페이지에 들어가서 문자를 남겼다.

직원들에게 커피에 대한 상식을 전하고 싶은데 우리 사무실을 방문해서 강의를 해줄 수 있는 지 문의했다. 큰 기대는 안하고 보냈는데 다음 날 바로 연락이 왔다. 몇 명이 강의를 들을 건지 강의 시간은 몇 분 정도인지를 물어보며 마케팅 담당 과장과 직원이 함께 우리 사무실을 방문하겠다는 것이다.

야호! 신났다.

그 다음 사무실 안에 있는 카페테리아에서 조리가 가능한 저녁 메뉴를 생각했다. 전자레인지만 사용할 수 있기 때문에 메뉴 선택에 제한이 있었다. 골뱅이 비빔면과 순대 그리고 국물을 좋아하는 사람들을 위한 요리로 어묵을 추가했다. 머리가 쩡할 정도로 시원한 맥주는 냉장고에 가득 채워놓았다. 골뱅이 캔과 인스턴트 비빔면을 준비하고 순대와 어묵은 사무실로 배달시켰다.

그 다음 뭔가 확실한 디저트를 준비하고 싶었다. 요즘 핫한 디저트가 뭐가 있지? 아 맞다. '콜드스톤'. 한국에 들어온 지 얼마 되지 않은 아이스크림. 차가운 화강암 판 위에 아이스크림과 손님이 추가하고 싶은 토핑을 올려놓고 직원들이 단체로 두드리면서 노래를 부르는 쇼까지 보여주는 완전 경쾌한 아이스크림 가게가 생각났다.

콜드스톤 코리아 본사에 전화를 했다. 혹시 시식용 아이스크림을 보내줄 수 있는지를 문의했다. 한창 브랜드와 제품을 프로모션 하는 기간이어서인지 쉽게 보내주겠다고 했다. 아싸, 완전 공짜로 디저트를 얻었다.

저녁 6시에 커피빈에서 커피를 내리는 기계와 여러 종류의 원두를 갖고 왔다. 커피의 역사, 나라별 커피의 특성 그리고 커피를 맛있게 내리는 방법 등을 간단하면서도 아주 재미있게 설명해주었다. 시음을 곁들여 듣는 알찬 교육 시간이었다. 물론 무료 교육이었다. 고맙게도 작게 포장된 여러 종류의 원두를 선물로 많이 갖고 왔다. 대박 성공이었다.

부담스럽지 않은 커피라는 주제에 대해서 전문가가 직접 와서 시음을 곁들여 설명해주고 선물까지 듬뿍 안겨주니 직원들이 다들 만족했다. 그리고 강의를 나온 두 청년의 인상과 목소리가 너무나 좋았다. 바라보고 있기만 해도 그윽한 커피 향이 느껴지는 훈남들이었다.

7시에 우리 팀원들이 귀여운 앞치마를 두르고 카페테리아에서 요리를 시작했다. 배달 온 순대와 어묵을 폼 나는 큰 그릇에 옮겨 담았다. 앞 접시를 세팅하고 맥주잔을 올려놓고 분위기에 맞는 음악을 틀었다. 커피포트에서 끓인 물로 비빔면을 만들어 집에서 준비해 온 야채와 쓱쓱 비빈 후에 골뱅이를 듬뿍 올려놓았다. 완벽한 즉석 골뱅이 무침이 완성되었다.

외부 식당으로 이동하지 않고 사무실에서 편하게 먹는 것이 좋다고 다들 만족했다. 유리창 밖으로 보이는 롯데백화점의 네온사인 덕분에 우리 은행의 카페테리아가 멋진 고급 레스토랑 같은 분위기가 되었다.

저녁 9시, 사무실 문을 두드리는 소리가 났다. 약속대로 콜드스톤 아이스크림이 배달되었다. 그 시간에 아이스크림이 배달되리라고는 그 누구도 생각하지 못한 나만의 작전이었다. 다들 깜짝 놀랐지만 나는 적시 안타를 친 듯이 기분이 좋았다. 작전 대성공이다!

자, 이제는 마지막 피날레를 장식할 순서다. 직원들 한 사람 한 사람을 생각하며 선택한 책 한 권씩을 안겨줬다. 게임 끝.

아이와 함께 즐겼던 맥도날드의 '해피밀'과 할 수 있는 한 모든 방법으로 우리 직원들을 위해 정성껏 기획하고 준비했던 '해피밀'이 가져다준 '해피아워'의 추억이 나를 미소 짓게 한다. 정말 행복한 시간들이었다.

「할 수 있는 한」

존 웨슬리

할 수 있는 한 최선을 다하라.
당신이 할 수 있는 모든 수단과
당신이 할 수 있는 모든 방법으로
당신이 할 수 있는 모든 장소에서
당신이 할 수 있는 모든 시간에
당신이 할 수 있는 모든 사람들에게
당신이 할 수 있는 한 오래오래 *

24
올가미 키워드 하나만 찾아라

"복 많게 생기셨네요."

"어쩌면 이렇게 복을 많이 타고나셨습니까?"

'또 시작이네. 도대체 오늘 몇 번째 이러는 거야. 정말 피곤해.'

소공동에 사무실이 있던 시절, 한창 손님을 많이 만나러 다닐 때는 소공동 롯데백화점 앞을 하루에도 열 번은 왔다 갔다 했다. 그럴 때마다 길 가는 사람을 막아서며 복이 어떻다는 둥 말을 건네는 이상한(?) 사람들이 많았다.

어느 날인가부터 백화점 앞에 많은 사람들 중에 유독 나만 집중공략 당하고 있다는 느낌을 받았다. 멀리서 다른 사람들을 제쳐가며 나를 향해 달려오는 복타령 사람들을 보면서 '내가 잘 낚이게 생겼나?' 하는 생각까지 들었다. 그날도 그런 사람들이 벌써 서너 차례 내 앞을 막아섰고 "아니에요. 됐습니다" 하고 몇 번 손사래를 치면서 급하게 지나쳤었다.

오후에 사무실을 나서서 백화점 쪽으로 방향을 틀자마자 멀리 있던 쪽진 머리 여자가 다른 사람들은 그냥 다 제치고 나를 향해 뛰어오다시피 했다. 헛웃음이 날 정도였다. 또?

"친정에 일이 생겨서 머리가 아프시군요?"

멈칫했다.

"뭐요?"

"친정 때문에 많이 피곤하시죠?"

"네? 뭐라고요?"

복이 어떻고 저떻고 하면 눈도 안 마주치고 쌩하게 지나치는데, 친정이란 단어에는 나도 모르게 "네?" 하는 반사작용이 발동했다.

"지금 친정 식구 중에 편찮으신 분이 있어서 힘드시지요?"

"아니 그게 무슨 말씀이세요?"

"사모님 얼굴에 그렇게 써 있어서요."

'이것 봐라. 내 얼굴에서 그런 게 보인다고?'

"우리 한번 이야기 좀 해봅시다."

내가 먼저 우리 사무실 앞에 있는 스타벅스를 향해 앞서서 걸어갔다. '친정'이란 결정적 단어로 나를 묶어놓은 쪽진 머리 여자와 대학생 정도로 보이는 젊은 남자가 함께 따라서 들어왔다. 둘이 함께 다니는 줄은 몰랐는데 약간 섬뜩했다.

'괜히 내가 일 만드는 거 아냐? 지금이라도 됐다고 말하고 그냥 나가버릴까?'

몇 걸음 걷는 그 짧은 순간에 여러 생각이 지나갔다. '여기는 우리 사무실 앞이고 스타벅스에 사람들도 많은데 설마 무슨 일이야 있을까?' 하며 일단 정신을 바짝 차리자고 생각하며 자리를 잡았다.

커피를 주문하자마자 그 쪽진 머리 여자가 자기 가슴 밑 어딘가를 부여잡고 거기가 너무 아프다며 오만상을 찡그리기 시작했다.

"사모님 부모님 중에 한 분이 병환으로 돌아가셨죠?"

"왜요?"

"그분이 배가 고파서 좋은 곳에 가시지 못하고 지금 떠돌고 계시네요."

그래서 지금 친정 식구 중에 다른 한 분도 병환 중에 계실 거라 했다. 허허 이것 참. 우리 친정아버지께서 간경화로 돌아가셨는데. 그분들이 아픈 부위가 자기한테 전해져서 지금 가슴 아래쪽이 너무 아프고 힘들다고 했다. 뭐가 어떻다고? 이거 정말.

"그래서요. 그럼 어떻게 해야 하는데요?"

상을 차려드려야 한단다. 상담을 받으러 자기하고 지금 사무실에 가자고 했다. 잠시, 나갔던 정신을 차리며 쪽진 머리 여자한테 말했다.

"제가 알아서 할 테니 주소하고 전화번호나 주세요."

내가 진짜 찾아갈 듯이 보였는지 주소하고 전화번호 그리고 쪽진 여자 본인의 이름도 함께 적어주었다. 주소가 동대문 어느 쪽이었던 것으로 기억한다.

내가 이 사람들에게 커피를 사주고 30분 이상 함께 이야기를 하게 된 결정적인 이유는 무엇이었는가? 그 쪽진 머리 여자가 나한테 '친정'이라는 핵심단어로 나의 아킬레스건을 건드렸기 때문이다.

비유가 적절하지 않을 수도 있지만 우리가 마케팅을 하면서 고객을 만나서 대화를 나눌 때 그저 평범한 설명으로는 고객의 관심과 호기심을 끌기 쉽지 않다. 당신이 마케팅을 목적으로 고객을 만나고 있다면 지금 고객이 듣고 싶고, 말하고 싶어 하는 간지러운 부분을 긁어주어야 한다. 긁어주는 방법에는 여러 가지가 있지만 가장 기본적인 것은 고객의 눈길과 귓길을 잡을만한 강력한 키워드를 찾아야 한다. 그 다음에 고객을 감동시켜야 하고 마음에 그 울림을 남겨야 한다.

'MOT(Moment of Truth)'라는 용어가 있다. 고객과 마주하는 접점의 순간이다. 스칸디나비아 항공시스템이라는 항공사의 CEO였던 리차드 노만이 설명한 개념으로, 고객은 나를 만나고 15초 만에 나에 대한 느낌 그리고 내가 소개하는 제품에 대한 평가를 내린다고 한다. 그 순간이 바로 MOT이고 그 순간에 고객의 감동코드를 긁어주어야 한다.

그러기 위해서는 평소에 고객이 하는 말을 잘 듣고 기억해야 한다. 가볍게 잡담처럼 하는 얘기에도 내가 기억하였다가 나중에 물어보거나 화제로 이끌어낼 만한 내용이 들어 있다. 고객 중에 고수들은 본인은 점잖게 있으면서 나에게 말을 많이 시킨다. 본인은 간간이 고개만 끄덕이며 내 말에 공감만 해주고 본인의 속내를 쉽게 드러내지 않는다.

그런 고수들도 우리가 그 사람의 아킬레스건이든 감정코드를 터치하면 그동안 꾹꾹 누르며 참고 있던 많은 이야기를 술술 풀어낸다. 어느 부분을 건드리면 그 사람의 에너지가 업 되는지 무슨 단어, 어떤 주제에 마음을 여는지 그런 것들을 평소 그 사람을 꾸준히 관찰하는 중에 찾아서 갖고 있어야 한다. 그런 노력이 필요하다.

나는 고객을 만나러 가기 전에 그 사람의 카톡 프로필 사진을 잠깐 훑어보고 그 사람과 지난번에 얘기했던 기록들을 다시 한 번 읽어본다. 본부장님, 부행장님 이상의 직급인 분들과 만나는 경우 그분과 관련이 될 만한 뉴스가 있는지를 찾아보고 약속 장소에 나간다. 그중에 핵심 키워드 몇 개를 기억하고 있다가 만나서 대화중에 사용하면 대화가 끊어지지 않고 계속 재미있게 이어진다.

"복 많게 생기셨네요"라는 말도 사람을 기분 좋게 만드는 미끼로 훌륭하다. 그러나 결혼한 여자에게 '친정'이라는 단어는 그냥 지나치지 못하게 만드는 강력한 올가미다.

고객을 내 편으로 꽁꽁 묶어놓고 싶은 영업맨들이여. 오늘은 어떤 비장의 무기를 챙기고 전장으로 나가는가? 너무 떠들지도 말고, 너무 침묵하지도 말라. 너무 나서지도 말고, 너무 물러서지도 말라. 강력한 한마디를 적절한 타이밍에 사용하라. 그것으로 상대방을 묶어버려라.＊

25
Good job! 척 보면 안다

아파트를 샀다. 세상에 부러울 게 없었다. 베란다에서 공원
이 보이는 전망 좋은 나의 스위트 홈을 장만했다. 전철역 바
로 옆이라 기차가 플랫폼으로 들어올 때 땡땡땡 종소리가 들
린다. 시끄럽다기보다는 어렸을 때 부르던 '기찻길 옆 오막살
이— 아기아기 잘도 잔다'는 노래 가사처럼 사람 사는 훈기와
정이 느껴진다.

돈이 빠듯하게 마련한 집이라 전체적으로 인테리어를 하지
는 못하고 도배와 장판만 하고 들어가기로 했다. 남편에게 집
수리에 관한 건 모두 알아서 하라고 일임했다. 동네 인테리어
가게에서 견적을 받았는데 너무 비싸다며 남편은 인터넷으로
도배와 장판을 하는 업체를 검색하다가 '일 잘하는 사람들'이
라는 인테리어 업체를 찾았고 다음 날 견적을 받았다.

견적을 보러 온 A 사장님이 집을 쓱 한번 돌아본 후에 하는 말.

"아직 도배장판 모두 깨끗한데 뭘 다시 하려고 합니까?"

이 한마디 말에 남편은 A 사장님이 양심적이라고 그분한테 반해버렸다. A 사장님은 양심상 멀쩡한 벽지와 장판을 갈아치우는 그런 작업은 못 한다며 그냥 돌아가겠다고 버텼고, 남편이 A 사장님한테 사정을 해서 안방과 거실만 도배장판을 새로 하기로 하고 아이들 방은 손대지 않기로 했다.

일 년쯤 지난 후에 친구한테 소개하려고 A 사장님께 연락을 했더니 일을 접었단다. '일 잘하는 사람들'의 A 사장님! 세상이 당신의 멋진 신념을 받아들이지 않는다 해도 슬퍼하거나 노여워하지 마세요! 당신의 진심이 통하는 우리가 있잖아요.

일을 잘하는 친구가 있었다. 회의 때는 항상 메모를 꼼꼼하게 한다. 보고서는 마감일 하루 전까지는 꼭 제출한다. 중요한 페이지에는 포스트잇을 붙여놓아서 읽는 사람이 더 집중해서 읽도록 알려준다. 내가 지시할 사항이 있으면 그 포스트잇에 적을 수 있어서 아주 유용하다. 장기 프로젝트를 진행하면서는 적당한 시기마다 현재의 진행상황을 보고한다. 궁금하기전에 미리 와서 알려주는 센스가 돋보였다.

프레젠테이션 자료를 만들 때는 사용할 두 가지 버전의 파워포인트를 갖고 와서 어떤 포맷이 이번 주제와 잘 맞을지를 미리 점검받는다. 옷차림이 늘 단정해서 언제든지 고객과 만날 때 함께 나갈 수 있다. 반걸음 뒤에서 걷고 고객에게 전할 자료를 담은 가방은 어느새 그 직원이 챙겨서 들고 있다.

얼굴에는 늘 잔잔한 미소를 띠고 있고 또박또박 정확하게 너무 크지도 작지도 않은 소리로 말한다. 사무실 내 다른 직원들에 관한 소식도 내가 빨리 아는 게 좋다고 생각되면 내가 소문으로 듣기 전에 미리 귀띔을 해준다.

나는 이렇게 일 잘하는 직원이 좋다. 그녀는 결혼과 동시에 남편과 함께 해외에 나가게 되어 어쩔 수 없이 우리를 떠났다.

일 잘하는 사람은 뭐가 다를까? 많은 다름이 있지만 우선 그들은 무슨 무슨 척을 안 한다. 아는 척, 친한 척, 바쁜 척, 아픈 척과 같은 척을 안 한다. 그들은 솔직 담백하다. 리포트를 쓸 때 아는 척하며 뜬구름을 길게 나열하지 않고 주제의 핵심으로 직행한다.

필요한 내용을 자세하게 파악해서 본인이 확실하게 이해한 후에 아는 것을 쓴다. 그래서 자기가 쓴 리포트에 자신이 있다. 누가 언제 어떤 질문을 하더라도 막힘없이 대답할 수 있다. 자신감으로 얼굴이 빛난다. 그런 직원이 작성한 리포트는 신뢰할 수 있다. 한 번에 통과다.

자신이 인간관계가 좋고 발이 넓다고 떠벌리는 사람이 있다. 입만 열면 어디 다니는 누구누구는 언제 만났고, 친구의 친구는 누구고, 사돈의 팔촌까지 들먹이며 친한 척을 하는 사람이 있다. 그런 사람일수록 실제로 급하게 연락해서 만나고 싶을 때 예전에 친하다고 큰소리를 쳤던 사람을 소개시켜 달라고 하면 자신 있게 핸드폰을 여는 사람이 별로 없다. 회사에서는 전화 한 통화로 원하는 미팅을 즉시 만들어내는 그런 직원이 필요하다. 말만 앞세우는 사람은 절대 사절이다.

책상 위에는 항상 서류가 뒤죽박죽으로 쌓여 있고 메모지는 여기저기 사방에 붙어 있고 오늘도 점심을 못 먹었다고 입이 삐쭉하게 나와 있는 직원이 있다. 일을 하면서도 한 손으로는 길게 늘어뜨린 머리카락을 돌돌 말았다 폈다 하느라 바쁘다. 어떤 일이 바쁜지 물으면 대답보다 한숨부터 쉬면서 정확하게 지금 어떤 일을 언제까지 끝내야 해서 바쁘다는 얘기도 못한다.

그냥 주절주절 얘기하는데 무슨 말인지 도통 알아들을 수가 없다. 당신이 윗사람으로부터 신뢰를 받고 새로운 일을 많이 배우고 싶다면 바빠도 바쁜 척을 하면 안 된다. 지금 눈코 뜰 새 없이 바쁘더라도 "몇 시 이후에는 괜찮을 것 같습니다"라고 여유 있게 대답할 수 있어야 한다. 윗사람의 마음은 거의 다 비슷하다. 일에 치이는 사람이 아니라 지혜롭게 일을 해치우는 직원을 옆에 두고 싶다. 그 사람을 나의 후계자로 키우고 싶다.

편견일 수는 있지만 사무실에서 일을 잘 못하는 사람을 보면 그 사람이 집에서 어떤 모양새로 있을지 상상이 된다. 밖에서 새는 바가지는 집에서도 새기 때문이다.

일을 잘하는 사람은 성격이 꽈배기처럼 꼬여 있지 않다. 그들은 담백하고 단순하다. 말도, 생각도, 행동도 깨끗하게 펼쳐 있다. 들리는 대로 듣고 보이는 대로 받아들이면 된다. 괜히 넘겨짚지 말자. 담백하고 단순해지면 인간관계도 편하고 인생이 평화롭다.

'이래서 그런 것이 아닐까, 저래서 이런 것이 아닐까' 하고 매사에 숨겨진 의도를 찾느라 헤매다 보면 본질을 잃고 어느새 혼자가 되어버린 나를 발견하게 된다. 직장생활을 너무 어렵고 복잡하게 생각하지 말자. '작은 것이 아름답다'는 말이 있다. 거기에 덧붙여서 '단순한 것이 아름답다'. 머리를 너무 굴리지 말자. 척하지 말고 진짜 일을 하자.＊

26
오렌지 먼데이

아침에 알람이 울리기 전에 자동적으로 눈을 뜨고 기지개를 활짝 켜며, "아 잘 잤다!" 하면서 개운하게 벌떡 일어나는 직장인이 몇 명이나 될까? 특히 지금이 월요일 아침이라면.

일요일 〈개그콘서트〉가 끝나는 시간부터 우울해진다는 직장인. '아, 내일부터 또 한 주일이 시작이군.' 그때부터 말수가 적어진다는 직장인들이 있다.

주말 동안에 여기저기 왔다 갔다 하며 신나게 논 사람은 몸을 많이 움직인 만큼 온몸에 피곤이 가득하고, 주말 내내 소파에 누워서 텔레비전 리모컨만 갖고 논 사람은 몸을 너무 안 움직여서 무겁게 축 처지게 되고, 아무튼 일요일 잠자리에 들면서는 '오늘이 토요일 밤이었으면' 하는 초등학생이나 할 법한 생각을 하곤 한다. 슬슬 월요병의 증상이 나오기 시작하는 거다.

월요병이란 한 주를 시작하는 월요일에 무기력하고 피곤한 증상을 통틀어 말한다. 영어로는 블루 먼데이(Blue Monday). 블루는 파란색을 뜻하기도 하지만 사전을 찾아보면 '우울한'이라는 뜻도 있다. '우울한'이라는 blue가 쌓이고 쌓여진 상태 'the blues'는 우울이 모이고 모인 우울증을 말한다.

약간 다른 의미이긴 하지만 1월 셋째 주 월요일이 블루 먼데이의 최고봉이라고 한다. 연말 크리스마스와 백화점 세일기간에 열심히 카드를 긁은 성적표를 받는 날이고, 새해 첫날에 굳게 결심한 다짐들이 서서히 무너져 버리는 시점이기 때문이란다.

월요일을 맞는 기분이 어떤가?

나의 지금 몸 컨디션과는 상관없이 무조건 정해진 시간까지 일터로 달려가야 하는 직장인들은 아침에 이불 밖으로 나오는 것이 쉽지 않다. 다른 날보다 월요일은 더욱더 끔찍하게 싫다.

가천대 길병원 연구팀이 통계청 사망자료를 토대로 일주일 중에 무슨 요일에 자살 사망자가 많은지를 조사했더니 월요일이 14.9%로 가장 많았고, 주 후반으로 갈수록 감소해 토요일이 12.5%로 가장 적은 것으로 나타났다. 우리의 기분이 월요일에 가장 꿀꿀하다는 것을 입증하는 통계다.

직장의 리더로서 어떻게 하면 월요일이 조금이라도 즐거울 수 있을까를 고민했다. 월요병을 조금이라도 극복하려면 기본적으로 월요일에 직장에서 기대되는 작은 재미가 있으면 좋겠다고 생각했다.

정월 보름을 맞이해서 직원들 한 사람 한 사람에게 부럼을 깨는 복 주머니를 만들어주었다. 호두와 피땅콩을 가득 넣고 그 안에 비밀 쪽지를 하나씩 넣었다. 일 년 중 특정 월요일 날짜가 적힌 쪽지인데 적혀진 그날에 그 직원이 은행 전체에 간식을 쏘는 이벤트를 기획하였다. 일 년이 52주인데 월요일이 공휴일인 경우를 제외하고 은행에서 간식을 제공하는 날도 있고 해서 직원들은 일 년에 한 번만 간식을 담당하면 되도록 정했다.

다행히 직원들이 새로운 아이디어를 재미있어 하고 호응이 좋았다. 월요일이 되면 오늘은 누가 간식 당번인지 또 메뉴가 뭔지 너무들 궁금해했다. 각인각색이었다. 얼마나 다양한 메뉴가 등장하는지 겹치는 메뉴가 거의 없었다. 예쁜 새내기 직원들은 컵 과일과 컵케이크처럼 비주얼부터 신선했고, 나이가 있는 직원들은 간식에도 세월이 느껴졌다.

지방 특산물을 배달시키는 경우도 많았다. 영광 모시떡, 안흥찐빵, 제주 오메기떡도 기억에 남고 〈생활의 달인〉에 나온 마카롱, 64겹의 페스츄리 데니쉬식빵도 있었다. 카페테리아에 떡볶이, 튀김, 순대와 어묵으로 한 상을 차린 직원도 있고 삶은 옥수수를 푸짐하게 싸오는 직원에 엄마가 준비해주신 군고 구마와 식혜를 세트로 갖고 온 젊은 직원도 있었다.

서대문 영천시장에서 갓 튀긴 꽈배기나 달달한 호두과자도 커피와 먹으면 당이 딸리는 오후에 제격이었다. 신경은 덜 쓰면서 돈으로 해결하고 싶은 몇몇 남자 직원들은 피자를 시키고 치킨을 시켰다. 그럴 때마다 맥주도 빨리 사달라고 조르면서 월요일의 오후 시간을 유쾌하게 보낼 수 있었다.

복날이 들어 있는 월요일에는 백화점에서 냉장고에 들어 있던 커다란 수박을 두 덩어리 사다가 잘라놓으면 시원하고 푸짐했고 여름에 팥빙수도 인기품목 중 상위에 올라 있다. 정성이 가득한 살림꾼 부장님은 집에서 샌드위치를 만들어오고 약식을 쪄왔다. 일 년 동안 직원들 각자가 준비한 간식은 먹는 즐거움에 더하여 오늘은 어떤 메뉴일까를 기대하는 설렘까지 느끼게 하는 즐거운 시간이었다.

은행 운전기사 분이 준비한 간식은 우리 모두를 웃음바다로 만들었다. 초코파이와 박카스의 조합이었다. 얼마나 현실적인지. 월요일 오후 4시에 달콤한 초코파이를 먹고 다들 피로회복제를 마셨다. 덕분에 월요일의 찌뿌둥한 피곤이 다 달아났다고 얼마나 재미있게 웃었는지.

웃다 보니 정말 기분도 상쾌해지고 마음도 편안해졌다. 간식이 월요병을 해소하는 데 큰 도움이 되었으니 효과 만점이어서 간식 행사는 직원들의 뜨거운 반응에 힘입어 그 후 3년 이상 지속되었다.

간식이란 '끼니와 끼니 사이에 먹는 음식'이라는 뜻으로 사투리로는 '곁두리'라고 한다. 나는 '곁'이라는 단어를 참 좋아한다. '곁'이란 어떤 대상의 옆 또는 공간적·심리적으로 가까운 데, 그리고 가까이에서 보살펴주거나 도와줄 만한 사람이라는 뜻이라고 국어사전에 나와 있다.

얼마나 가슴이 따뜻해지는 말인가. 내 곁에 있는 사람은 사랑하는 사람임에 틀림이 없다. 대부분의 사람들이 자신이 아끼는 소중한 물건은 가능하면 곁에 가까이 두려고 하듯이 사랑하는 사람 곁에 있으면 얼마나 편안하고 기분이 좋은가?

어떻게 하면 직장에 빨리 출근하고 싶고 직장 가는 것이 부담스럽지 않을까? 동료들끼리 서로서로 자기의 곁을 내어주면 어떨까? 이해하고 배려하고 도와주려는 마음이 가득할 때 그런 사람들이 모여 있는 직장이라면 그곳으로 향하는 발걸음은 가볍지 않을까?

오렌지 색깔은 에너지를 상징하고 활력, 적응력, 야망과 포부를 나타낸다. 비즈니스와 성공을 대표하는 색깔이다. 에너지를 듬뿍 담은 오렌지를 떠올리자. 블루 먼데이는 가라. 나에게는 오렌지 먼데이만 있다.*

27
갑돌이와 갑순이가 필리핀에 떴다

출장을 떠나기 전 항상 고민이다. 무슨 선물을 사야 할지. 한국을 상징하면서 부피가 너무 크지 않고 가격은 3만 원 미만의 선물을 준비해야 한다.

한국과 일본을 포함한 OECD 국가들과 중국, 홍콩, 대만 그리고 인도, 필리핀 등 동남아시아에 있는 지점에서 각각 두세명씩 참가한다. 그해에 벌어야 하는 목표 숫자, 그리고 그 목표를 달성하기 위하여 본점으로부터 어떤 지원이 필요한지를 논의하는 아시아 지역회의가 매년 초에 열린다.

국가별로 정치 경제에 관한 현재의 상황을 정리해 발표하고 경쟁사들에 대한 정보들, 고객을 위한 세미나는 언제 어떤 주제로 할지, 본점에서 각 상품별 전문가가 언제 방문하는 것이 좋을지 등 일 년 동안에 해야 할 일에 관한 큰 그림을 함께 모여서 의논한다.

재미없고 딱딱한 숫자에 대한 회의를 3일간 하고 나면 모두가 많이 피곤하고 지치지만 각 나라에서 온 동료들과 무척 친해지게 된다. 일정의 마지막 날에는 팀워크를 더욱 다지려는 목적으로 함께 먹고 마시고 즐기는 거대한 파티를 한다.

　그 시간을 위해서 준비해야 되는 아이템은 장기자랑, 전통의상, 그리고 무작위로 번호를 뽑아서 직원들 간에 서로 교환할 선물이다. 내 선물을 누가 받을지, 여자일지, 남자일지, 결혼한 사람일지 미혼일지를 전혀 모르는 상태에서 선물을 준비해야 한다.

　처음에는 누가 받아도 무리가 없는 한국 공예품을 준비했다. 국립박물관에 있는 기념품 가게에 가면 질도 좋고 가격도 괜찮은 공예품들이 많다. 포장도 예쁘게 해주고 국립박물관의 로고도 찍혀 있어서 받는 사람도 기분이 괜찮겠다 싶어서 자주 애용하곤 했다.

　장구모양 장식품, 전통 수예품, 민화를 찍은 판화 같은 것은 반응이 꽤 좋았던 아이템이다. 나는 방콕에서 온 동료가 준비한 실크 스카프, 대만에서 갖고 온 우롱차, 베트남에서 온 커피가 당첨이 되었다.

　어느 나라의 누구한테 어떤 선물을 받을지도 매우 기대가 되지만 내가 준비한 선물을 누가 갖고 갈지도 흥미진진하다. 선물을 준비할 때는 신경이 많이 쓰이기는 하지만 이렇게 선물을 주고받을 때는 아주 재미있고 오랫동안 소중한 추억으로 남는다.

한 해는 베스트 드레서 상을 받았다. 민속의상 콘테스트를 하면 한복을 따라올 의상이 없다. 한복에 어울리는 올림머리를 하기 위해서 귀밑머리를 젤로 딱 붙이고 윗머리는 살짝 부풀리고 혼자서 호텔방에서 메이크업을 했다.

한껏 차려 입고 엘리베이터를 타고 연회장으로 내려갈 때는 쑥스럽고 어색하기도 하지만 꾹 참고 연회장에 들어가는 순간부터 여기저기서 찬사가 이어진다. 한복의 아름답고 우아한 모습에 뷰티풀과 원더풀 소리가 끊이지 않는다. 나를 가운데 두고 양옆으로 파트너가 계속 바뀌면서 찰칵찰칵 사진을 찍어대니 마치 인기 연예인이 된 기분이다.

인도에서 온 여자 동료는 이마에 빈디를 찍고 사리를 입었고 필리핀에서 온 남자는 시원해 보이는 바롱을 갖춰 입고 있었다. 그렇지만 그날의 주인공은 한국 팀이었다. 진달래색 저고리에 연두색 치마를 받쳐 입고 달빛 컬러의 노리개를 품위 있게 늘어뜨린 내가 한국을 대표해서 베스트 드레서 상을 받으니 아주 자랑스러웠다.

상을 받고 나니 기분이 업 되어 장기자랑에 씩씩하게 도전했다. 한국에서 함께 참석한 남자 직원과 함께 노래를 부르기로 했다. 사실 노래 준비를 안 하고 갔는데 그때 그 분위기에서는 한국 팀이 노래 한 곡 정도는 불러줘야 할 것 같아서 즉흥적으로 도전한 것이다. 뭔가 한국적인 리듬에 쉬운 노래를 해야 하는데, 아리랑? 좀 분위기가 처지려나? 도라지타령? 가사를 전혀 모르겠는데.

"갑돌이와 갑순이 기억나세요?"

"네. 할 수 있을 것 같아요."

"그럼 한번 맞춰봅시다."

연회실 한쪽 끝에서 둘이 나지막하게 노래를 불러보았다. 생각보다 리듬이 어렵지 않았고 가사도 생각이 났다. 그날 그 시각에 필리핀에서 '갑돌이와 갑순이는 행복하게 노래를 불렀더래요'.

글로벌 시대에 세계인과 더불어 소통하고 함께 일하며 살아가기를 원하는가? 그렇다면 그들에게 가끔은 우리 것을 소개해야 할 순간들이 있다. 그때 자신 있게 우리 문화를 소개할 수 있는 실력을 미리미리 준비하자.

전 세계적으로 K-Pop이 인기가 있는 요즘 우리 노래 한 곡 정도는 언제라도 뽐낼 수 있게 연습해 놓아야 한다. 음치와 박치 그리고 몸치는 용서가 되지만 한국의 자랑스러운 대표가 되어 자신 있게 나서야 할 때 아무런 준비가 되어 있지 않아서 그 기회를 그대로 패스한다면 나중까지 두고두고 후회하게 될 것이다. 눈치도 없이 분위기를 다운시키는 그런 사람은 되지 말자.

그날 밤 내 방에서는 한복을 입고 사진을 찍는 즉흥 패션쇼가 개최되었다. 몇몇 친구들이 한복을 입어보고 싶다고 해서 내 방을 오픈했더니 거의 모든 여자 동료들이 우르르 내 방으로 몰려와서 번호표를 받고 순서를 기다리듯이 한 사람씩 돌아가며 한복을 입고 사진 찍기를 반복했다.

기다리는 동안에 노래도 가르칠까? "갑돌이와 갑순이는 한 마을에 살았더래요. 둘이는 서로서로 사랑을 했더래요." 동료들과 한복을 입고 한국의 전통적인 러브송을 함께 불렀던 추억 속 필리핀에서의 글로벌 미팅이 그립다.＊

28 은행회관을 뒤집어놓은 용감한 형제들

Well Sing ToNight!

2012년 5월에 제1회 국내 은행들 간의 장기자랑 경연대회를 개최했다. 한 은행당 한 팀씩 참가할 수 있고 독창, 중창, 합창 모두 좋다. 장르에 제한 없이 댄스 팀이 나와도 되고 악기를 연주해도 되는 국내 은행 간 경연대회에 적극 참여하기를 권하는 초대장을 모든 국내 은행에 보냈다.

모두들 귀찮게 생각할 줄 알았고 그렇게까지 호응이 좋을지 기대하지 못했다. 참가 신청이 저조하면 어떻게 독려를 해야 할까 고민을 했는데 결과는 예상과 정반대였다. 한 팀 더 참가하게 해달라는 은근한 압박도 들어왔다. 은행원들의 끼가 이렇게 많은 줄 미처 몰랐다.

대상, 최우수상, 우수상 그리고 인기상과 특별상도 선정하고 멋진 크리스털 트로피와 푸짐한 상품이 있다고 적극적으로 홍보하며 분위기를 띄웠고 최종적으로 국내 은행 10군데에서 한 팀씩 참가했다.

2012년 그 당시에 〈나는 가수다〉라는 TV 프로그램이 한창 유행하였다. 그 프로그램에서 점수를 합산하는 방식을 모방해서 각 은행별로 20명의 청중단이 본인이 다니는 은행을 제외한 은행에 점수를 주도록 하였다. 심사 결과에 불필요한 오해를 받지 않기 위해서 주최 측인 우리는 채점에는 관여하지 않기로 했다. 모든 국내 은행과 업무관계가 있는 우리가 경연 결과 순위를 정하면 주요고객 은행을 밀어준 것이 아닌가 하는 오해를 받을 수 있다는 생각이 들었기 때문이다.

250명 정도까지 수용이 가능한 명동에 있는 은행회관을 대여했다. 장소 외에도 준비할 것이 무척이나 많았다. 은행회관에 세미나와 결혼식 행사에 필요한 정도의 기본시설은 있었지만, 은행원들의 파워풀한 멋진 공연을 빛나게 해줄 음향과 조명을 설치하기 위하여 외부 전문가를 따로 불렀다. 자신이 부를 노래 반주 MR을 갖고 오겠다고 하는 참가자도 있었지만 그렇지 않은 사람을 위한 노래방 기기도 준비했다.

그러나 우리가 준비해야 하는 가장 중요한 깃은 깜짝 비밀공연이었다. 투표 결과를 정리하는 동안 고객들에게 즐거움도 주고 최선을 다하여 노력하는 우리의 모습을 보여주자는 서울지점장님의 제안에 따라 준비한 이벤트였다.

밴드를 결성했다. 깜짝 축하공연을 위해 직원들 각자 할 수 있는 악기를 연주하기로 했다. 지점장님은 이미 색소폰을 프로처럼 연주하는 실력자이고, 키보드와 리드 기타를 연주하는 친구도 있었으나 그 다음은? 없네.

"어떤 악기 연주하실래요?"

"드럼이요. 이 기회에 드럼을 배워보고 싶어요."

"베이스 기타가 좀 쉽다면서요? 베이스 기타 할게요."

직원들 모두 평소에 관심이 있었거나 도전하고 싶은 악기를 골랐다.

"그럼, 음, 저는 우쿨렐레 할게요."

내가 우쿨렐레를 하겠다고 손을 들었다. 평소에 눈여겨보고 있던 악기였다. 악기가 작고 귀엽고 기타 코드만 조금 배우면 할 수 있을 것 같았다.

사무실 근처와 집 근처를 찾아봤으나 기타 연주를 배울 수 있는 학원은 많은데 우쿨렐레를 가르쳐주는 곳은 찾기가 어려웠다. 일주일에 두 번을 홍대까지 쫓아다녔다. 공연을 위한 한 곡만을 집중적으로 연습하기로 하고 개인교습을 10회 받기로 했다. 강습료도 만만치 않았다. 물론 개인이 부담해야 한다.

점심시간에 택시를 타고 홍대를 왔다 갔다 하는 것도 번거로운 일이었다. 50분 정도 연습하고 오면 밥 먹을 시간도 없었다. 대학교 때 잠깐 클래식 기타를 쳐본 이후 30년이 지나 기타 코드를 잡으려니 손가락이 뻣뻣하고 마음대로 안 되었다. 한 달 후에 무대에서 연주를 하기 위하여 아들뻘인 쌤과 머리를 맞대고 첫날 배운 기본 코드로 '학교 종이 땡땡땡'을 쳤다. 땀을 뻘뻘 흘리면서도 처음 배우는 우쿨렐레 연주가 무지 재미있었다.

D-day다. 막이 올랐다. 셀린 디온의 'My heart will go on'을 멋지게 부른 차장님, '그것만이 내 세상'을 부른 팀장님, 걸그룹 티아라의 'Roly Poly' 댄스를 선보인 팀도 있었다. 얼마나 연습을 많이 했는지 거의 모두가 프로다운 수준이었다.

그중에 압권은 '용감한 형제들'을 패러디한 국민은행 팀이었다. 개콘에 나오는 개그맨들과 거의 똑같은 의상을 입고 선글라스를 끼고 대사와 노래를 하는데 지금 바로 전국 순회공연을 떠나도 손색이 없을 정도였다. 만장일치로 용감한 형제들이 제1회 Well Sing ToNight 경연대회의 대상을 거머쥐었다. 그때 '용감한 형제' 중 한 분은 아주 멋진 엔터테이너형 뱅커로서 그 후에 〈판타스틱 듀오〉라는 TV 프로그램에도 출연을 했다.

드디어 우리 차례다.

그날의 드레스 코드는 웰스파고은행의 상징인 빨간색이었

다. 동대문에서 새로 마련한 빨간색 블라우스를 입고 무대에 섰다. 조명이 머리 위를 비추고 평소에 친하게 알고 지내는 고객들이 눈앞에서 형광봉을 흔들며 환호를 하는데 정신이 바짝 들었다.

'나는 나비', 윤도현의 노래가 흐른다.

내 모습이 보이지 않아 앞길도 보이지 않아

나는 아주 작은 애벌레

살이 터져 허물 벗어

한 번 두 번 다시 나는 상처 많은 번데기

추운 겨울이 다가와 힘겨울지도 몰라

봄바람이 불어오면 이젠 나의 꿈을 찾아 날아

날개를 활짝 펴고 세상을 자유롭게 날 거야

노래하며 춤추는 나는 아름다운 나비

날개를 활짝 펴고 세상을 자유롭게 날 거야

신나게 날아올랐다. 5분도 안 되는 공연을 하기 위해서 얼마나 연습을 많이 했던가? 한 달 내내 가족들 모두 '나는 나비' 노래에 중독이 되었다. 집에서 연습을 계속 하다 보니 저절로 익숙해진 그 노래를 가족들 모두 본인도 모르게 흥얼거렸다.

보컬을 담당하는 민 과장의 멋진 목소리가 들렸다. "내 모습이 보이지 않아 앞길도 보이지 않아". 또 다른 가사가 귀에 꽂혔다. "한 번 두 번 다시 나는 상처 많은 번데기".

졸업을 앞두고 대학교 4학년 때 찍은 사진이 떠올랐다. 그때의 내 표정을 아직도 잊을 수가 없다. 대학을 졸업하면 무엇을 해야 할지, 어떻게 살아야 하는지, 앞날이 불안하다고 느꼈던 때였다. 지금까지 딸로서 아내로서 그리고 엄마로서 살아오면서 힘들어 손을 내려놓고 싶은 때도 있었다.

그러나 지금 나는 상처를 안고 다시 날아오르는 나를 상상하며 열심히 우쿨렐레의 코드를 빠르게 바꿔 잡으며 신나게 몸을 흔들었다. 살면서 그런 상처들 하나 없는 사람이 있을까? 한 번 두 번 포기하지 않고 다시 일어나는 것이 아닌가? 일어나서 툭툭 털고 가는 당신이 멋진 그대이다.

노래의 클라이맥스다.

"날개를 활짝 펴고 세상을 자유롭게 날 거야."

몇 번을 들어도 기분 좋은 가사다. 더 크게 날개를 펴고 세상을 자유롭게 날아갈 거다. 멀리 멀리 높이 더 높이.

"봄바람이 불어오면 이젠 나의 꿈을 찾아 날아
날개를 활짝 펴고 세상을 자유롭게 날 거야."

나는 나비다, 꽃을 찾아가고, 꿈을 찾아가고 그리고 나를 찾
아가는 왕 나비다.＊

Chapter 5

Afternoon Meeting
"글로벌 은행은 이런 일도 한다"

29
Know Your Customer

지피지기면 백전불패. 상대를 알고 나를 알면 백 번 싸워도 위태롭지 않다는 뜻으로, 나와 상대편의 약점과 강점을 충분히 알고 승산이 있을 때 싸움에 임하면 이길 수 있다는 《손자병법》에 나오는 말이다.

어떤 거래를 시작하기 전에 상대를 정확하게 알아야 불법적인 거래를 미리 예방하고 막을 수 있다는 측면에서 지피지기면 백전불패라는 고사성어가 요즘 금융가에서 가장 중요하게 사용되고 있는 'Know Your Customer(KYC)'이다.

1993년에 금융실명제가 발표되면서 금융기관과 거래를 할 때는 가명이나 차명이 아닌 본인의 실제 이름으로 거래해야 한다. 금융실명제를 제정한 목적 중의 하나는 검은돈이 정경유착에 사용되는 경우를 차단하기 위함이었다. 쉽게 이야기해서 돈에 꼬리표를 달아서 추적이 가능한 제도를 만들어놓은 것이다.

거기에 더 강화해서 2006년에는 불법자금거래를 차단하고 국제기준에 부합되는 자금세탁 방지를 위해 'KYC'라는 '고객 알기 제도'를 시행했다. 금융기관의 고객이 신규로 계좌를 개설하거나 일정금액 이상의 현금을 무통장으로 입금하거나 송금, 환전, 자기앞수표 발행 등의 거래를 할 경우 '금융실명법'에 의한 실제 이름 이외에도 주소, 연락처 등을 추가로 확인해야 한다. 즉 '고객주의의무(CDD: Customer Due Diligence)'를 부가적으로 실시하는 것이다.

어쩌다 한번 큰 금액을 현금으로 찾는 경우가 있었을 때 은행 창구에 있는 직원이 자금의 용도 및 이것저것을 물어보면 빙그레 웃음이 났다. 물론 성실하게 답을 하면서도 이 직원이 지금 정해진 업무절차에 따라 나를 대상으로 '고객확인 및 주의업무'를 철저하게 실행하고 있구나 하는 생각에 창구에서 근무하는 직원을 칭찬하는 마음이 들었다.

우리나라에서 '고객알기제도'가 철저하게 시행되고 있는 것처럼 미국 은행에서도 'KYC'에 따라 모든 금융거래를 시작하기 전에 고객에 대한 필요 정보를 꼭 확인해야 하고 정기적으로 변경된 정보를 관리해야 한다.

국내 은행들은 칩스(CHIPS, Clearing House Interbank Payment System 미국 뉴욕 어음 교환협회가 1970년에 완

성한 최초의 은행 간 온라인 자금결제시스템)와 페드와이어
(Fedwire, The Federal Reverse Bank Wire 미국의 연방제
도이사회가 구성한 은행 간 온라인 자금결제시스템)에 직접
적으로 가입되어 있지 않기 때문에 USD 송금을 처리하는 중
간 과정에 결제를 대행하는 환거래은행(코레스펀던트은행
Correspondent bank)을 사용해야 한다.

그러한 업무를 위해서 국내 은행은 미국 은행에 USD 계좌
를 열어야 하고, 미국 은행은 고객이 된 국내 은행을 대상으로
일 년에 한 번씩 방문하여 관련부서 담당자와 KYC를 위한 인
터뷰를 한다. 은행의 기본적인 정보 즉 등록된 법인명, 주소,
사내와 사외 이사진을 포함한 경영진, 사업내용, 거래 고객군,
해외점포 정보, 은행의 KYC 절차와 관련 시스템의 종류 등 많
은 정보와 자료를 점검한다. 국내 은행에서 보내온 송금업무
를 처리하면서 혹시나 불법적인 거래가 있는가를 확인하기 위
해 아주 철저하게 데이터 관리를 하는 것이다.

국내 은행으로부터 온 자료들을 월별, 분기별로 모아서 나라
별, 송금인별, 수취인별로 분류하여 그중에 의심거래가 있는
지를 조사한다. 며칠 간격으로 송금을 분산해서 보내고 있는
지, 같은 수취인에게 여러 사람의 이름으로 나누어 보내고 있
는지, 한 사람의 송금인이 여러 수취인에게 정기적으로 송금
을 하는지 등 모든 거래를 모아서 다양한 송금 형태를 분석하

고 추적해서 돈세탁을 한 듯한 의심거래를 찾아내는 노력을 하고 있다.

우리와 함께 업무를 하는 고객은행을 정확하게 알고 있는 상태에서 그 고객은행으로부터 온 송금업무가 깨끗하고 투명한 합법적인 거래임을 철저하게 확인하면서 업무를 취급하는 것이 외국환업무를 수행하는 은행원으로서 갖추어야 할 가장 기본적인 자세이다.

Know Your Customer! Know Your Job! Know Yourself! 지피지기면 백전불패! *

30
Korea Desk, Country Officer

'블루 버틀 커피를 아침마다 샌프란시스코에서 마시고 싶다.'

'버버리 깃을 올리고 바람을 가르며 미국 맨해튼 고층빌딩 숲 사이를 빠른 걸음으로 출근하고 싶다.'

한 번쯤 해외에서 근무하면 좋겠다는 생각으로 글로벌 은행 서울지점에 근무하면서도 미국, 홍콩, 싱가포르 등 해외에 있는 지점으로 이동할 기회를 찾는 직원들이 많다.

대부분의 글로벌 은행에서는 새로운 직원이 필요하거나 일정기간 대체할 인원이 필요한 경우 일단 내부 직원에게 새로운 업무나 근무지로 바꿀 수 있는 우선권을 준다. 어느 나라에서 어떤 업무에 사람이 필요한지, 요구되는 업무지식과 기능은 무엇인지 그리고 담당 매니저는 누구인지를 알려주는 이메일이 정기적으로 오고 있다.

가끔 본점에 있는 매니저로부터 해외에 어떤 자리가 비었다는 소식을 받는 경우가 있는데 이런 경우 친한 동료들끼리 모여서 얘기하곤 한다.

"뭐야. 나가라는 거야? 잘 있는 사람한테 왜 이런 이메일을 보내는 거지?"

싱가포르와 홍콩으로 근무지를 옮기는 직원들도 있다. 홍콩은 한국에 비하여 이직률이 높아서 준법지원부, 회계, 자금지원부나 고객서비스와 같은 자리는 자주 사람을 찾고 있다. 대개 근무지를 옮길 때는 한국에서는 사직을 한 후 해외 근무지에서 새로 취업하는 형태로 처리되기 때문에 인터뷰를 통해서 새로운 근무지에 맞는 연봉과 휴가 등의 조건을 다시 협상하게 된다.

해외로 이동하는 사람들의 이야기로는 새롭게 조정된 연봉이 한국에서 받는 것보다 많지만 집을 얻어야 하고 생활비가 꽤 많이 들어서 경제적으로 보면 큰 차이는 없다고 한다. 그러나 그런 조건들은 옮기는 부서에 따라 차이가 있어서 일반 후선 업무의 경우는 별반 큰 차이는 없더라도 외환 딜러나 증권부 파생상품 쪽으로 가는 경우는 파격적인 조건으로 스카우트되는 경우도 있다.

트럼프 대통령이 취임한 후부터는 비자 문제로 미국에서 근무하는 것이 어려워졌지만 과거부터 미국 본점에는 'Korea desk'라는 자리가 있고 거기에는 한국 사람이 필요했다. 간단하게 말하면 미국과 한국 사이에서 일어나는 모든 거래와 정보 그리고 필요한 사람들과의 관계를 형성하는 업무를 하기 때문에 한국 사람이 주로 담당하는 자리였다.

Korea desk에 필요한 직원의 직급과 인원수는 글로벌 은행마다 다르나 미국에서 한국에 투자하는 업체의 규모나 기업의 숫자에 따라 한 명에서 두세 명 정도가 대부분이다. 한창 한미 간의 무역업무가 활발하고 글로벌 기업들이 한국에 많은 투자를 하던 시절에는 적어도 경력이 10년 이상 되는 본부장급과 지배인급이 Korea Desk를 책임졌고, 한번 나가면 3년 정도는 기본으로 근무하는 조건이어서 많은 직원이 Korea desk에 나가서 근무해보기를 희망했다.

내가 근무했던 은행의 경우는 'country officer'라는 자리가 있다. 각각의 나라를 전담하는 여러 명의 country officer가 있는데 대부분이 본인의 모국을 담당하게 된다. 그 나라의 경제상황과 업무실적에 따라 country officer의 어깨에 힘이 들어가기도 하고 그 반대인 경우도 생기곤 한다.

몇 년 전 한동안 중국지점이 아시아에서 가장 실적이 좋고 중국 은행들이 미국에 지점을 많이 개설하던 시절에는 중국 담당 country officer의 영향력이 크고 중국지점의 실적 성장률 덕분에 큰 보너스를 받았다.

중국과 비할 수는 없지만 한국을 담당하는 country officer
도 현재까지는 누구도 무시할 수 없는 영역에서 커다란 영향력
을 갖고 바쁘게 지내고 있다. 한국지점에서 일어나는 무역거
래나 해외송금 그리고 국내 은행에 대출을 하는 거래가 많기
때문이다. 그러나 한국 정치가 불안해지고 경제가 침체되면
한국지점의 영업실적도 영향을 받기 때문에 한국을 담당하는
country officer의 입지가 약해질까 봐 항상 신경이 쓰인다.

미국 본점으로 스카우트가 되어 한국 담당 country officer
가 된 경진 씨는 일단 영어가 거의 네이티브 수준이다. 발음도
완벽하고 사용하는 어휘도 품위가 있다. 외모 또한 단정하고
수려한데다가 성실하고 책임감도 강한 최고의 직원이어서 한
국을 대표하여 미국 본점으로 가는 데 모두가 찬성이었다. 믿
고 보내는 대한민국 대표선수였다.

본점에서 한국에 대한 크레딧 심사와 한국 은행들에 대한 신
용평가를 하는 회의에서 country officer인 경진 씨는 한국을
대표해서 브리핑을 하고 애널리스트들의 질문에 자신 있게 답
한다. 그 덕분으로 본점이 한국에 할당하는 대출한도는 항상
우리가 원하는 만큼을 유지할 수가 있었고 국내 은행들이 필요
할 때마다 신용 대출한도를 증액하여 사용할 수 있었다.

또한 한국에 있는 고객이 미국으로 보낸 송금이 복잡하게 엉

켜서 수취인이 제때에 자금을 받지 못한 경우 한국 사무실에서는 경진 씨한테 도와달라는 이메일을 보내고 퇴근한다. 다음 날 출근해보면 거의 모든 케이스를 완벽하게 처리한 후 확인 메시지가 와 있다. 우리가 편하게 잠자는 시간에 여러 은행들과 직접 통화하면서 문제를 끝까지 책임지고 맡아서 해결하는 믿음직스러운 동료다.

국내 은행 임원들 중에 경진 씨를 모르는 분이 거의 없을 정도로 미국에서 대단한 활약을 하고 있다. 국내 은행 분들이 미국에 벤치마킹을 위해 방문하는 경우 로비에서 손님을 맞이하는 것을 시작으로 필요한 경우에는 우리 은행에 관한 간단한 브리핑도 직접 진행한다. 본점 매니저들의 프레젠테이션을 명료하게 통역해서 국내 은행에서 방문한 분들이 쉽게 이해하도록 도와드리고, 만족할 만한 많은 정보와 자료를 갖고 돌아갈 수 있도록 최선을 다한다.

방문하신 임원 분들이 예정에도 없이 갑작스럽게 웰스파고은행의 영업점이나 웰스파고은행의 상징인 커다란 마차가 전시되어 있는 웰스파고 박물관을 견학하고 싶다고 요청하는 경우에도 발 빠르게 아는 채널을 총동원하여 원하는 대로 보고 가실 수 있도록 주선한다.

국내 은행에서 원하는 미팅의 주제에 맞는 적임자를 찾아서 효과적이고 의미 있는 회의를 하도록 미리 조율하고 약속을 정하는 일은 RM인 내가 하고, 국내 은행 분들이 미국에 도착한 이후의 일정은 모두 경진 씨가 알아서 척척 진행한다.

벤치마킹 방문을 마치고 돌아온 국내 은행 분들은 효율적으로 잘 준비되어 진행된 미팅 덕분에 많은 정보와 자료를 갖고 왔다며 고맙다는 피드백을 주었다. 이 모든 것은 country officer의 역할을 충실하고 완벽하게 수행하는 경진 씨가 본점에서 근무하고 있기에 가능한 일이다.

Korea desk, country officer 이외에도 준법지원부, 여신 한도 심사부, 무역금융부서 등 해외에서 근무하기를 원한다면 글로벌 은행의 홈페이지에 자주 들어가서 직원채용과 인턴십에 지원하는 사이트를 확인해야 한다. 그리고 서울지점의 인사부에도 직원채용 계획이 있는지를 주기적으로 문의해보는 것도 필요하다. 자기가 원하는 기회를 잡기 위해서는 열심히 손품과 발품을 팔아야 한다.

대한민국의 대표선수로 해외에 나간 선배들이 성실하고 열정적인 태도로 그곳에 있는 농료와 상사, 고객늘로부터 좋은 피드백을 받을 때 더 많은 우리의 후배들이 세계의 금융중심가로 진출할 수 있다. 미국 샌프란시스코에서 아름다운 프로의 모습을 보여주고 있는 경진 씨에게 고마움과 칭찬을 가득 보낸다.＊

31
달러수표를 현금으로

"시간 되면 커피 한잔 같이 해요."

요가 수업을 함께 받는 이웃 형님이 빙그레 웃으며 시간이 되면 차 한잔 하자고 했다. 무슨 좋은 일이 있으신가 했더니 미국에 사는 아들이 용돈으로 이천 불을 보내왔다며 커피 한잔 사주시겠다고 하셨다.

"형님, 그 수표 며칠 있으면 제 손에 있을 거예요."

"아니 어떻게?"

"형님은 거래하는 K은행에 그 수표를 주고 우리나라 돈으로 받으시잖아요. 그런 다음에 K은행은 그 수표를 달러현금으로 추심하기 위해서 제가 다니는 미국 은행으로 보내야 하거든요."

국내 은행이 고객들로부터 조건부로 매입한 달러수표를 우리가 받아서 달러현금으로 바꾸는 달러수표 추심업무가 미국 은행이 하는 업무 중 하나다.

이와는 반대로 국내 은행의 고객이 해외로 달러수표를 보내야 하는 경우도 있다. 미국에 있는 부모님께 용돈을 보내드리거나 협회비를 내거나 시험을 보기 위해 돈을 내야 할 때, 달러로 송금을 하는 방법도 있지만 받는 쪽에서 수표로 보내라고하는 경우도 있다. 이럴 경우 국내 은행은 고객으로부터 우리나라 원화를 받고 달러수표를 발행하게 되는데 그때 사용하기위한 달러수표를 미국 은행이 제공한다.

우리나라에서는 기본적인 공과금이나 월세 등을 온라인 송금이나 지로로 납부하는 것이 이미 보편화 되었지만 미국에서는 현재도 실물 종이수표를 많이 사용한다. 이런 것을 보면 우리나라의 결제시스템이 미국이나 유럽의 금융 결제시스템보다훨씬 편하고 앞선다는 생각이다.

우리나라에서 수표는 익일에 수표 교환 시스템에서 결제가되면 완전히 현금화되는 시스템이기 때문에 대부분의 한국 사람들은 미국의 복잡한 수표 결제 제도를 납득히기 이려워하고때로는 우리와 아주 다른 미국 수표제도로 인해 황당한 경우를겪는다.

이런 경우가 있다. 장안동 중고차 매매센터에 러시아에서 온바이어가 타이어와 부품을 구입하고 달러수표로 결제한 후 물건을 보내달라고 주소를 적어주고 출국을 한다. 한국의 수출업자는 받은 수표를 국내 은행에 입금하고 열흘 정도의 추심기간이 지나고 나서 원화를 받으면 그 수표는 처리가 다 끝났다고 생각하고 물건을 러시아로 보낸다. 그러나 3년까지는 안심할 수가 없다.

미국의 수표법은 수표의 전면에 위조나 변조가 있는 경우에는 수표를 발행한 후 1년까지, 만약에 수표 뒷면의 배서가 위조되거나 변조된 경우에는 수표 발행일로부터 3년 안에는 언제든지 발행인이 수표 결제에 대해서 이의를 제기할 수 있고 이미 현금 처리가 된 수표도 부도로 반환 처리를 할 수 있다. 수표를 현금화해서 돈을 받았다고 해도 3년까지는 도로 돌려주도록 되어 있는 이런 미국 수표제도는 우리로서는 정말 이해하기도 어렵고 익숙하지 않다.

가끔 선의의 피해자를 만나게 된다. 수표로 결제를 받고 물건을 해외로 다 보냈는데 한 달 후에 국내 은행에서 "부도가났으니 돈을 다시 갚으라"고 하면 얼마나 황당한 일인가. 이런 경우 물건을 사간 수입업자와는 연락이 안 되는 경우가 많다. 대개 이런 거래를 보면 여러 번 무역 거래를 한 단골이 아니라 첫 거래이면서 가격도 깎지 않고 대량으로 구매해 가는 바이어에게 사기를 당한 것이다. 수표가 결제된 것이 확인되면 물건을 보내라고 하기 때문에 국내 은행에서 열흘 정도의 기간이 지난 후 원화가 입금되면 한국의 수출업체 사장님은 안심하고 물건을 보내게 되는 것이다.

어떤 경우에는 처음 방문한 외국 사람이 동대문에서 물건을 대량으로 사 갖고 가면서 여행자수표(Traveler's Check)로 결제하는 경우가 있다. 무역거래 대금을 지불하기 위해 여행자수표를 무더기로 사용하는 것은 여행자수표를 만든 기본 취지에 맞지 않다. 여행자수표는 여행을 하면서 혹시 분실이 된다 해도 수표의 하단에는 서명을 해놓지 않기 때문에 수표를 주운 사람은 사용할 수 없도록 되어 있다. 그래서 현금을 소지하고 여행을 다닐 때에 비해 위험부담이 적기 때문에 여행 시 경비 정도를 사용하는 목적으로 만들어진 수표다.

요즘에는 여행을 할 때 대부분 신용카드를 사용하지만 아직도 여러 목적으로 여행자수표가 발행되어 사용되고 있다. 그런데 무역거래를 하면서 여러 다발의 여행자수표로 결제하는 경우 미국 감독기관에서는 그 거래를 아주 의심스럽다고 생각하고 거래 관련자와 거래의 내용에 대한 추적 조사를 한다.

여행자수표가 갖고 있는 본래의 목적이 아닌 몇 만 불어치의 물건을 사는 데에 여행자수표를 사용한다면 정상적인 거래로 보기보다는 돈세탁이나 테러자금 등으로 사용된 것이 아닌지 요주의 대상 거래로 분류되기 때문이다.

우리나라 중소기업이나 무역 업무를 하는 개인 고객들이 우리나라와는 판이한 미국의 수표법으로 인해 선의의 피해를 받지 않도록 국내 은행에서 외환 업무를 담당하는 분들은 고객들에게 각별한 주의를 당부해야 한다.

정상적인 무역거래를 할 때는 송금 방식으로 결제를 받는 것이 기본이며, 신용이 확실하지 않은 업체와 거래할 때 수표를 받았다면 물건을 보내기 전에 국내 은행에 받은 수표의 진위여부를 다시 한 번 확인하거나 개별 추심제도와 같은 조금 더 확실한 수표 추심 방식을 이용하는 것이 조금이라도 피해를 줄일 수 있는 방법이다.＊

32
사우디아라비아에서 받은 수표

　연세가 많은 친척 분들 중에는 내가 다니는 은행 이름을 정확하게 아는 분이 많지 않다. 그냥 외국 은행이라고 생각하시거나 아니면 외환은행에 다닌다고 본인들 마음대로 기억하신다. 그래도 은행에 다닌다는 기억으로 여윳돈이 생기면 어떤 상품에 가입해야 이자를 많이 받는지, 달러 환전할 때 우대를 해줄 수 있는지 등에 관한 질문을 받을 때가 있다.

　국내 은행들과 은행 대 은행으로 중개 업무만을 취급하는 미국 은행에 근무하다 보니 국내 은행에서 취급하는 예금, 대출을 비롯한 달러 환전 같은 업무는 나의 전문분야가 아니라서 친척 분들의 질문에 정확하게 답을 드릴 수가 없다.

　그러다가 드디어 친척분이 나를 은행원으로 인정할 만한 일이 생겼다. 젊은 시절 사우디아라비아에서 근무를 하고 오셨던 작은아버지가 보험료를 환급 받도록 도와드렸던 것이다.

우리나라가 가난하던 시절, 서독으로 나가서 달러를 벌어오던 간호사 누나들이 있었던 것처럼 우리의 아버지와 삼촌들은 사우디아라비아의 건설현장에서 달러를 벌어왔다. 더운 나라에 나가 건설현장에서 일을 하면 국내에서 근무할 때보다 서너 배 많은 돈을 벌 수 있었기 때문에 가족을 뒤로하고 많이들 떠나셨다.

1999년 6월부터 사우디 정부기관인 사회보험청이 사우디아라비아 건설현장에서 일했던 근로자들이 사고위험 등에 대비해 사우디 정부 측에 납부했던 사회보험이 만기되면서 보험료 중에 환급되는 부분을 한국으로 보내주기로 하였고, 여러 국내 은행 중에 그 당시 한빛은행(현 우리은행)이 보험료 환급 추심업무 대행기관으로 선정되었다.

대상자는 25만 명 정도, 총 금액은 약 1억 불에 달했다. 사우디아라비아에서 근무했던 근로자들은 집으로 보험료 수령통지서가 배달되는 대로 통지서를 한빛은행에 제시하면 약 10일간의 추심기간을 거친 뒤 한빛은행 및 타 은행에 개설된 본인 통장으로 돈을 입금 받을 수 있었다.

이때 한빛은행이 받은 미국 달러수표를 추심대행하는 업무를 우리가 맡게 되었다. 그 업무를 대행하는 기관으로 선정되기 위해 집중적으로 노력했던 그때의 7일간은 나의 은행 생활 중 가장 짜릿하고도 긴장된 일주일이었다.

어느 날 한빛은행에서 송금 및 수표 업무를 담당하시는 정 대리님의 전화를 받았다. 사우디아라비아에서 받게 되는 수표의 성격과 수표 한 장당 예상금액 그리고 한 달에 처리해야 하는 수표의 물량 등 기본적인 배경을 설명한 후 "이에 해당하는 수표를 어떤 조건으로 처리할 수 있는지 제안서를 내라"는 전화였다.

외국에 있는 가족으로부터 혹은 물품대금으로 미국 달러화 수표를 받은 경우 현금으로 교환하기 위해서는 국내 은행에 가서 그 수표를 입금하고 추심을 위한 일정기간을 기다리고 난 후에 원화를 받는다. 그러면 국내 은행들은 미국달러수표 추심대행업무를 제공하는 몇몇 글로벌 은행을 통하여 그 수표들을 현금화하는 절차를 거쳐야 한다. 그 수표 추심대행업무를 우리가 하는 것이다.

그 당시 내가 다니던 은행의 이름은 퍼스트유니온내셔널은행(First Union National Bank, FUNB)이었다. FUNB 이외에도 체이스맨해튼은행과 도이치은행을 포함한 여러 은행들이 수표 추심업무를 하고 있었기 때문에 이 프로젝트를 따기 위해서는 발 빠르게 움직여야 했다.

마케팅은 타이밍이다. 이런 중요한 프로젝트인 경우 전화로 업무를 논의하기보다는 얼굴을 보고 업무를 협의하는 것이 훨씬 효과적이기 때문에 정 대리님의 전화를 받자마자 뛰다시피 한빛은행으로 달려갔다.

한빛은행에서 미국수표 추심대행 은행을 선정하는 데 가장 중요하게 평가하는 항목이 서비스 수수료인지, 추심에 걸리는 기간인지 또는 한번 현금화된 수표가 부도가 나서 반환청구가 들어오는 경우에도 추심은행이 책임을 지는 방식을 원하는 것인지 실무적인 이야기도 자세하게 논의하였다.

그때 서울 지점장님이 휴가 중이어서 필라델피아에 있는 아시아 담당 책임자에게 내가 직접 이메일을 보냈다. 지금은 아시아를 담당하는 매니저가 홍콩에 있고 마케팅을 담당하는 대부분의 직원들이 블랙베리를 들고 다니면서 즉시 이메일을 보내거나 확인하지만 그 당시는 휴가 중에는 이메일을 확인하거나 보낼 수가 없었다.

표준 수수료를 적용한다면 아시아 대표에게 이메일을 보낼 필요가 없지만 대량 물량을 수주하기 위해서는 수표 추심대행 서비스에 일반적으로 적용하는 표준수수료와 추심기간보다는 특별하게 우대된 조건으로 제안서를 만들어야 했다.

예상한 대로 아시아 마케팅 대표는 파격적인 조건 변경에 처음에는 난색을 표했다. 나는 그 매니저에게 이 프로젝트는 '어느 은행이 가장 유리한 조건을 빨리 제시하느냐' 하는 '시간싸움'이라는 것을 강조하며 내가 파악한 한빛은행의 기대 수준에 맞는 조건으로 승인을 받기 위해 밤새도록 아시아 담당 책임자와 협의를 이어갔다. 드디어 내가 생각하는 정도의 조건을 한빛은행에 제안해도 좋다는 승인을 받아냈고, 그 조건에 만족한 한빛은행이 우리를 파트너 은행으로 선정하였다.

나의 작은아버지도 열사의 나라 사우디아라비아 건설현장에 다녀오셨고, 아버지 친구 분들도 여러 분 다녀오신 그곳에서 그분들이 냈던 보험료를 환급 받아 그분들께 돌려드리는 업무였기에 다른 업무를 할 때보다 더 커다란 보람을 느낄 수 있었다.

한 분도 빠짐없이 모두 환급을 받을 수 있도록 도와드리고 싶었다. 그런데 주소지가 확인이 안 되어 수표가 반송되거나 수표를 받고 나서 6개월이 넘은 후 은행에 오시면 미국의 수표법에 따라 수표가 현금화되지 못하는 경우가 있었다. 혹시나 해서 작은아버지께 전화를 드렸더니 여러 번 이사를 해서 그런지 수표를 못 받으셨다고 하셨고 내 전화를 받고 알아보신 후에 돈을 받았다고 고맙다는 전화까지 하셨다.

한빛은행의 담당자 분과도 어떻게 하면 모든 분들의 수표를 처리해드릴 수 있을까를 고민하면서 많은 해결 방법을 만들어냈다. 그 당시에 한빛은행에서 수표 업무를 담당한 정 대리님의 열정적인 모습도 아직 생생하게 기억 속에 있다. 나는 사우디아라비아 이름만 들어도 보험료와 관련된 수표가 생각난다. 미국 은행에 근무하면서 큰 보람을 느꼈던 큰 프로젝트 중 손에 꼽히는 추억이다.*

33 미국 수출입은행과의 협업

1997년은 나에게는 잊을 수 없는 해다. 13년을 다니던 체이스맨해튼은행을 그만두고 둘째를 낳은 후 다시 취직한 열정이 가득한 해였다. 그러나 대한민국 사람에게 1997년 하면 제일 먼저 IMF가 떠오르는 아픈 기억이 있다. 미국 달러가 부족하여 외채를 갚기 어려워서 국가가 부도가 날 수 있는 위기가 우리나라에 닥친 것이다.

많은 직장인들이 마음의 준비도 되지 않은 상태에서 하루아침에 폭격을 맞은 듯이 직장을 잃었고, 사업이 부도나고 환율은 다락같이 올라서 유학생들은 부모님의 간곡한 부탁으로 학업을 포기하고 중간에 다시 한국으로 돌아와야 하는 사태를 겪었다. 우리에게는 날벼락이었지만 세계의 경제학자들과 미국 금융가에는 이미 어느 정도는 예견된 상황이었다는 이야기를 듣고 가슴이 답답하고 힘든 시절이었다.

그 당시 하루하루 긴박하게 조여 오는 자금유동성 때문에 국내 은행들도 만기가 되어 돌아오는 달러 부채를 상환하기 어려운 상황이 되었다. 국내 은행들의 코가 석 자인 판국이니 기업들이 원자재를 수입하기 위해 은행에 신용장을 열고 달러를 빌려 달라고 해도 국내 은행으로서는 기업이 필요한 외화 자금을 대출하기 어려웠다. 부족함이 꼬리물기를 시작했다.

세계 3대 신용평가사인 S&P, Moody's 그리고 Fitch Co.는 누가 먼저라고 할 것도 없이 앞다투어 국내 은행들과 대한민국의 신용도를 하향 조정하였다. 악순환이 연속되었다. 여기서 평가하는 신용도의 등급이 자금을 차입할 때 적용되는 이자율에 직접적으로 영향을 주기 때문에 자금을 담당하는 사람들은 항상 신용평가사의 등급 조정에 촉각을 곤두세우게 되는데 그 당시에는 이자율이 문제가 아니라 자금 자체를 빌릴 수가 없었다.

은행들이 고객들로부터 예금을 받은 달러가 많은 경우에는 그 자금으로 국내 기업에 외화자금을 지원하지만 시장에 자금이 경색되기 시작하면서부터는 눈사람 효과처럼 기업에 대출을 하기는커녕 은행이 자체적으로 조달한 자금을 상환하기에도 자금이 부족하게 된 것이다.

1997년 IMF 위기를 맞으면서 우리 경제는 자금을 빌려준 채권은행들이 기일을 연장해주거나 추가로 대출해주는 상황은 기대할 수 없는 절체절명의 상황이 되어버렸다. 자금에 문제가 없던 평화로운 시절에는 국내 은행 본점들이 그들의 해외지점에서 필요한 자금을 도와주곤 하였는데 IMF 구제금융을 받던 그 당시에는 본점이 지점을 도와주는, 누가 누구를 도와주는 미덕을 발휘할 여유가 어디에도 없었다.

국내 은행에서 자금을 담당하는 분들은 그날그날의 자금을 막아야 하는 극심한 스트레스로 인해 원형 탈모가 오고 불면증에 시달리는 일도 많았다. 국내 은행 해외지점들도 자금을 구하기 위해 우리에게 직접 연락이 오곤 했지만 국내 은행 본점에도 자금을 지원할 수 있는 상황이 아니었기 때문에 해외지점의 딱한 처지에 그저 죄송할 뿐이었다.

대한민국이 IMF 합의문에 서명한 후 몇 주가 지나지 않아서 필라델피아에서 근무하는 한 동료로부터 이메일을 받았다. 복잡한 내용이 길게 쓰여진 이메일을 쓱 훑어봤더니 금방 이해되지 않는 새로운 상품에 관한 내용이었는데 마지막 부분에 "이 싱품이 한국의 입제들이 신용장을 개설하는 네 도움이 될 수 있을 것"이라는 문장에 눈이 꽂혔다. 정신이 번쩍 들어서 이메일을 출력한 후 차근차근 읽으며 거래의 구조를 다이어그램으로 그려보며 국내 은행들에게 어떻게 도움이 되는 상품인지를 공부했다.

필라델피아와 시차 때문에 담당자인 존과 연락을 취하기가 쉽지는 않았지만 그에게 하루에도 몇 번씩 궁금한 것을 물어보면서 공부하다 보니 이 상품이 국내 기업에게 큰 도움이 될 것이라는 확신이 들었다. 급하게 존에게 한국으로 출장을 와 달라고 부탁하였다. 존의 진지하고도 성실한 설명에 깊은 신뢰를 갖고 이 상품을 국내 은행에 소개하기로 결정했다.

국내 기업이 미국에서 수입하는 물품에 대하여 국내 은행에서 유산스 신용장을 개설하는 경우 FUNB가 자금을 제공한다. 국내 기업들이 원자재를 수입하여 완제품을 만들어 수출한 후 물건 값을 받은 후 국내 은행에 자금을 갚을 때까지 FUNB가 국내 은행에 달러 자금을 빌려주는 것이다. 그리고 FUNB는 자금이 국내 은행으로부터 회수될 때까지 미국 수출입은행에 보험을 드는 보험연계 무역거래 대출 상품이었다.

미국 수출입은행이 미국의 수출을 촉진하기 위해 고안한 무역거래 활성화 보험 프로그램이었다. 기본 취지야 미국을 위해 만들어졌지만 우리에게 필요하고 이용할 부분이 있는 상품이라면 국내 은행과 기업들에게 선택의 기회를 줘야 한다고 생각했다.

그 상품이 US EXIM Insurance Program(USEIP)이다. 그 당시는 글로벌 은행이 국내 은행에 제공하는 대출 신용한도가 모두 동결된 상태라서 국내 은행들이 삼성, 현대, 대우 등 대기업에도 유산스 신용장을 개설하기 어려운 상태였다.

본점 크레딧 승인부서와 끈질기게 협의한 결과 USEIP을 하기 위해 국내 은행들에게 제공할 크레딧 라인을 승인 받았다. 본점과 크레딧 라인을 협의하는 과정은 말이 좋아 협의고 의논이지 구걸이나 다름없었다. 글로벌 은행도 돈을 벌기 위한 목적으로 한국에 지점을 설립하여 영업하고 있지만 IMF 구제금융까지 받은 한국의 외환위기 상황에서 새로운 대출을 결정하는 것이 쉽지는 않았다.

IMF 구제금융을 받고 있는 대한민국 국민으로서 본점과 협의할 때는 자존심도 상하고 심하게 열등감도 느꼈지만 지금 생각해도 그때가 나의 36년간의 은행 생활 중에서 제일 열심히 공부하고 새로운 상품을 도입하여 국내 은행을 지원할 수 있었던 열정과 보람이 충만한 시절이었다.

처음으로 접하는 미국 보험 상품이고 여러 부서와 연계되어 있는 복잡하고 어려운 절차를 거쳐야 하는 거래라서 풀어 나가기가 어려웠지만 국내 기업들이 신용장을 개설하여 원자재를 수입하고 물건을 만들어 팔아 달러를 벌어들이는 무역거래의 선순환을 돕는 일이었다.

그 물꼬를 트기 위해서 미국 시간대에 맞춰 밤을 새워 일했던 그때는 힘들다는 생각도 안 들고 보람이 가득한 하루하루였다. 시작한 지 한두 달 만에 이 상품으로 개설된 신용장의 총계가 수억 달러가 넘었고 6개월의 유산스 만기가 도래되면 크레딧 라인이 다시 살아나 계속 순환되며 사용하였다.

US EXIM 보험 상품이 활성화되자 US EXIM 본사에서 담당 매니저들이 서울에 방문해 관련업무 승인절차를 좀 더 간소화하여 기업들이 쉽게 사용할 수 있도록 협의하였고, 국내 은행들을 방문하여 무역거래 외 비행기, 선박 수입 등에 관한 5년, 10년짜리 장기 금융 프로젝트에 관한 논의도 하였다.

지금 돌이켜볼 때, 그때에 처음으로 그 상품을 소개하여 잘 실행되기까지 밤을 새워 업무를 추진했던 그때의 노력과 성실함이 나 개인뿐만 아니라 내가 몸담고 있는 이 은행이 국내 은행들로부터 인정받고 현재까지도 좋은 업무관계를 유지할 수 있는 밑바탕이 되었다고 생각한다.

그때 나와 함께 신용장을 한 건이라도 더 개설하기 위해 밤낮없이 일했던 국내 은행 분들 중에는 퇴직하신 분도 계시지만, 그때는 계장, 대리, 과장이셨던 분들이 자금부 부장님, 본부장님 그리고 부행장님으로 여전히 대한민국의 외화자금 시장에서 열심히 일하고 계신다. 그 당시에 열정과 사명감으로 밤낮을 가리지 않고 업무에 최선을 다했던 그분들 덕분으로 오늘의 대한민국이 건재한다고 말해도 과언은 아니다.＊

34
Credit rating, 당신의 신용도는?

　알파벳 A를 보고 사람마다 첫 번째로 떠오르는 생각이 다 다르다. 영어를 배우기 시작하는 어린 학생들은 Apple이라는 단어가 연상되고 대학생은 A학점을 떠올릴 수도 있다. 많은 사람이 혈액형 A를 생각하고, 은행원인 나는 직업의 영향으로 A, AA로 표기되는 신용등급이 생각난다. 오랜 기간 미국 은행에서 일을 하면서 가장 많이 사용하는 단어는 신용이란 단어다.

　성인이 된 우리는 어딘가에 따로 요청을 하지 않았음에도 이미 타인에 의해서 신용등급이 정해져 있다. 개인신용평가 회사들이 개인의 신용정보를 모아서 여러 가지 항목들을 평가하고 점수를 매겨서 나의 신용도가 우량한지, 일반적인 보통 수준인지, 주의가 필요한지 또는 위험등급인지로 분류를 한다. 우리가 대출을 받으려고 하면 이러한 기관에서 구분한 나의 등급에 따라 대출금의 한도나 대출이자 등이 영향을 받게 되니 나를 사회에서 객관적으로 어떻게 평가를 하는지 신경이 쓰일 수밖에 없다.

은행도 국가도 신용등급을 받는다. 세계 금융시장을 들었다 놨다 할 만큼 막강한 영향력을 갖고 있는 대표적인 3대 신용평가사로부터 심사를 받고 등급을 받는다.

영국의 피치(Fitch) IBCA, 미국의 무디스(Moody's)와 스탠더드 앤드 푸어스(S&P)가 세계금융시장을 좌지우지하는 세계 3대 국제 신용평가기관이다. 이 기관들은 세계를 대상으로 채무상환능력 등을 종합적으로 평가해 국가별 등급을 발표한다.

피치 IBCA는 650여 개의 비미국계 금융기관 및 50여 개국의 신용도 평가로 유명한 IBCA와 재정 평가 부문에서 잘 알려진 Fitch Co가 1997년에 합병하여 만들어진 회사다. 무디스(Moody's)는 1900년 존 무디(John Moody)가 설립한 신용평가기관으로 미국 최초로 1909년 2백여 개 철도 채권에 대해 등급을 발표하면서 미국 굴지의 신용평가기관으로 부상했다. 스탠더드 앤드 푸어스(S&P)는 회사채 신용평가를 하던 Poor's Co와 Standard Statistics Co가 1941년에 합병하여 오늘날의 S&P가 되었으며 현재는 맥그로-힐(McGraw-Hill)의 자회사이다.

국가와 기업, 금융권 모두 이 기관들로부터 신용평가를 받은 결과에 따라 발행하는 채권과 차입금리가 달라지기 때문에 신용평가 시기가 되면 평가를 받는 기관들은 바짝 긴장을 한다. 심사 때마다 그해의 업무규모, 예상수익, 부채의 상환능력 그리고 부실채권의 규모나 감가상각 규모 등에 따라 신용등급은 바뀌게 된다.

웰스파고은행은 2007년에는 금융권에서 유일하게 AAA의 등급을 받았으나 그 후로 여러 가지 은행 내부의 복합적인 사정이 반영되어 현재는 A⁻로 등급이 낮아졌다.

은행원의 신용 하면 떠오르는 아주 오래된 에피소드가 있다. 글로벌 은행은 직원들을 위한 연말파티를 보통 호텔에서 큰 규모로 하면서 인기가수를 초대해서 노래도 듣고 직원들의 숨겨진 끼를 보는 장기자랑 순서까지 다양한 프로그램을 준비한다. 그러나 뭐니 뭐니 해도 모두가 기다리는 순서는 행사의 마지막을 장식하는 행운권 추첨의 시간이다.

120명 정도가 모였는데 행운권은 10개뿐이었다. 모두 자기 이름이 제일 마지막 차례에 불리기를 기대하면서 행운권 추첨을 시작했는데 처음으로 10위에 당첨이 된 사람은 FX 딜러들이 모여 앉았던 테이블에서 제일 막내 딜러였다.

상품은 공기청정기 기능을 겸한 가습기였다. 아주 오래된 그 시절에 공기청정기는 누가 봐도 신선했고 탐나는 물건이었다.

그때 옆에 앉았던 시니어 딜러가 공기청정기를 받은 직원에게 거래를 제안했다. 아직 1위부터 9위까지 당첨될 가능성이 있는 본인의 행운권과 이미 확정된 공기청정기를 스왑(swap)하지 않겠냐는 것이었다.

성격이 화끈한 편인데다가 옆에서 선배 딜러들이 부추기는 분위기에 막내 딜러는 오케이 딜던(deal done)을 선언했다. 결과는 어떻게 되었을지 상상이 되는가?

9위부터 2위까지 이름이 불리지 않았고 무모한 확률 게임에 공기청정기만 날아갔구나 하는 순간에 그 제안을 했던 선배 딜러의 이름이 제일 마지막으로 불리었다. 1위 행운권의 주인공이 된 것이다. 얼굴이 벌개져서 1위의 종이봉투를 받아 들고 온 선배 딜러는 옆에서 부추기던 다른 딜러들의 놀림을 받으며 어쩔 수 없이 거래한 대로 그 봉투를 막내 딜러에게 건넸다.

그 봉투에는 가족 수만큼 하와이 왕복 항공권과 5박 6일의 호텔 숙박권 그리고 달러 현금 3천 불이 들어 있었다. 약속을 지키는 것, 신용을 첫 번째 덕목으로 지켜야 하는 은행원들 사이에서 맺은 거래이니 선물 교환은 그렇게 계약대로 이루어졌다.

어떤 직장을 다니고 어떤 그룹에 있는 사람들을 사주 만나느냐에 따라서 내가 사용하는 단어의 종류가 달라진다. 그 단어들의 성격에 따라 나의 생각이 멈추는 지점 등이 영향을 받게 되고 나의 가치관과 인생관이 한쪽으로 쏠릴 가능성이 많아진다. 그래서 평소에 시간을 내어 취미생활을 하고 주말에는 평소에 만나는 사람들과는 다른 분야의 사람들과 만나는 것이 바람직하다.

내가 취직하던 시절 글로벌 은행에 다니는 여자들은 건방지다는 이미지가 있었다. 미국 은행에 대한 안 좋은 이미지를 갖고 있는 사람들도 있었다. 한국에 들어와서 금융 시스템을 요리조리 이용해서 이윤만 챙기고 철수해버리는 먹튀의 전형이라고 글로벌 은행에 다니는 사람들에 대한 시선이 안 좋았던 과거도 있었지만 시대가 달라졌다.

미국계 은행, 유럽계 은행 등 글로벌 은행이 선진 금융으로 국내 은행보다 앞섰던 시절을 다 지났다. 다 같이 어깨를 나란히 하고 서로 상생의 관계가 된 지 오래다.

젊은이들이여, 편견 없이 글로벌 은행에 도전하라. 당신의 꿈을 글로벌 은행에서 펼쳐보라. 세상은 넓은 만큼 당신의 관심의 폭을 크게 확장하여 바라보면 이제까지 미처 몰랐던 새로운 길이 보인다.*

35
포도밭에서 특별한 삼겹살 파티

　포도밭을 상속받게 되어 시골로 내려간 도시 여자와 농촌 남자 사이의 알콩달콩 코믹 로맨스 드라마를 2006년도에 TV에서 아주 재미있게 보았다. 저런 과수원이 하늘에서 굴러 떨어지듯이 나한테도 생기면 얼마나 좋을까 하는 망상도 해가며 달콤한 향기가 가득한 포도밭이 머릿속에 아직 남아 있을 때였다.

　농협은행에서 지역봉사를 하고자 하는 직장과 특정지역 시골마을을 맺어주는 일사일촌 자매결연 프로젝트를 2007년도에 시작하였다. 그때는 그런 식의 매칭 봉사 프로그램이 유행하던 때라서 일요일 아침마다 자매결연을 맺은 직장인들이 농촌을 방문하여 함께 활동하는 모습을 방영하는 정규 TV프로그램도 있었다.

　농협은행이 일사일촌 자매결연에 대한 우리 은행의 참여의사를 물어왔고 그 당시 서울지점의 지점장님이 자매결연의 필요와 중요성에 대한 제안서를 아주 꼼꼼하게 준비해서 필라델피아에 보낸 결과 본점에서도 지역 봉사활동에 적극적으로 참여하라는 응원의 메시지가 왔다.

농협은행이 자매결연을 할 지역을 추천해주면 일 년 이상 그 지역 주민들과 함께 활동해야 하고 활동을 하기 위한 예산도 필요한데 본점으로부터 예상보다도 더 큰 후원을 받았다.

우리와 인연을 맺게 된 지역은 경기도 가평의 운악산 아래 포도밭이었다. TV 드라마의 영향일까? 포도밭에서 생긴 코믹 로맨스에 대한 달콤하고 좋은 느낌 덕분일까? 포도밭과 자매결연이 맺어지자 우리 직원들의 반응도 폭발적이었다.

이장님과 몇 번 통화를 한 후에 그곳에 필요한 텔레비전과 몇몇 생활용품을 준비하여 3월에 마을 노래자랑대회에 날짜를 맞춰서 포도밭을 처음으로 방문했다. 우리가 심사위원으로 급위촉이 되어 우수상과 최우수상 그리고 인기상을 선발했고 반짝이 의상을 대여해 간 우리 직원은 전국노래자랑에 초대된 프로가수 못지않은 간드러진 트로트 노래 '무시로'를 열창하여 앙코르 소리와 함께 큰 박수를 받았다.

난생처음 인절미 떡메를 치려고 하니 절구 방망이를 오른쪽 어깨로 치켜 올렸다가 내리쳐야 하는지 왼쪽이 맞는 건지 어리 바리한 나를 보고 마을 어르신들이 웃으셨다. 운악산의 멋진 풍경을 병풍 삼아 오롯이 감싸인 포도밭을 둘러보니 생각지도 않은 포도밭을 상속받은 드라마 속의 주인공처럼 몸과 마음이 아주 부자가 된 듯했다.

6월이 되면서 포도송이 봉지를 싸는 작업을 하러 오라는 연락이 왔다. 봉사활동과 야유회를 겸해서 직원과 가족들이 가평으로 나들이를 떠났다. 솔직히 우리가 그분들께 무슨 큰 도움이 될까마는 부름을 받은 것만도 신나서 열심히 달려갔다. 가르쳐주는 대로 하려고 해도 자꾸 가지도 끊어놓고 봉지도 야무지게 싸지 못해서 두 번 손이 가게 할 것이 뻔했지만 다들 포도밭에 흩어져서 어른은 어른대로 아이들은 아이들대로 깔깔대며 햇볕 아래서 한나절을 보냈다.

피크닉 겸 야외에 나갔으니 모두가 기대하는 대로 삼겹살 파티를 했다. 여기저기 배 가른 드럼통을 펼쳐놓고 그곳 어르신들과 우리가 서로서로 섞여서 먹자파티를 열었다. 환상적인 것은 그분들이 냉장고와 냉동실에 준비해놓은 가평 잣막걸리였다. 적당하게 슬러시가 된 막걸리를 마시는 맛과 멋은 완전 최고였다.

그 다음 클라이맥스는 포도 막걸리였다. 이장님이 즙을 짠 포도원액을 막걸리에 타서 보랏빛 포도 막걸리를 내주었다.

지금도 그때의 시원하고 향기롭고 달콤한 포도 막걸리가 생각난다. 다들 얼마나 많이 먹고 마셨는지 어떻게 행사를 마무리하였는지는 누구의 기억에도 남아 있지 않다.

손꼽아 기다리던 포도를 수확하는 날이 왔다. 이번에는 고객과 함께 포도 따기 대회를 하는 이벤트로 기획하여 국내 은행분들을 초청하였다. 유치원, 초등학교에 다니는 아이들을 데리고 백 명 정도가 포도밭에 모였다. 평소 은행 사무실에서만 뵙던 분들이 부인, 남편 그리고 아이들과 함께 모이니 모두가 한 가족 한 식구가 된 느낌으로 포도도 따고 떨어진 잣송이도 줍는 기대 이상의 행사가 되었다.

고객 초청 행사였지만 주최 측인 우리도 편안하게 같이 산책하며 즐길 수 있었다. 이날도 삼겹살 파티였는데 모두가 얼마나 고기를 맛있게 많이 드시는지 준비한 고기가 동이 나버렸다. 마을 청년회장님의 재빠른 도움으로 공수해 온 그 지역 돼지고기 목살은 더 맛있었다. 배가 너무 불렀지만 누구도 젓가락을 내려놓는 사람 없이 고기파티는 두 바퀴째 돌고, 고기와 더불어 막걸리잔도 돌고 우리는 할머니 할아버지들과 강강술래로 돌고 돌고 손잡고 돌리고 돌리고 정신 놓고 놀았다.

서울지점의 큰 장점은 의사결정이 아주 빠르다는 것이다. 술과 바비큐와 노래와 춤으로 하루를 함께 지내고 나니 포도밭에 모인 사람들이 모두 한 가족처럼 느껴졌다. 모두가 언니 동생이고 내 아들 딸에 조카라는 생각이 들었다. 참가한 가족 모두에게 달콤한 포도를 선물하고 싶었다.

그 당시 한국에 나와 있는 글로벌 은행의 지점장들 중에 가장 멋진 젠틀맨으로 고객들의 인기를 한 몸에 받고 있던 우리 지점장님과 협의하여 다른 비용을 조금씩 조정하기로 결정하고 우리가 수확한 포도를 참가한 모든 가족에게 푸짐하게 선물했다. 풍성한 잔치였다.

미국 은행은 이런 지역주민과의 행사는 본점에서 전폭적으로 지원을 해준다. 본점 매니저들이 이런 행사에 참여하려고 출장 시기를 조정하고 맞춰서 한국에 올 만큼 적극적이다. 본점의 매니저들이 지역 봉사활동을 하는 것을 보면 선거철이나 연말에 누군가에게 보여주기 위한 일회성이 아닌 몸 안에 자원봉사의 유전자를 많이 갖고 태어난 듯 열정적이다. 또한 사회문화적으로 그렇게 길러진 듯이 아주 자연스럽다.

달콤하고 향이 좋은 최상급 포도로 유명한 운악산 포도밭에서 고객과 함께 보낸 추억이 소중하다. 오늘은 '포도밭 그 사나이'보다 더 보고픈 '포도밭 그 식구들'과 찍은 사진이라도 꺼내봐야겠다.*

Chapter 6

Casual Dinner
"글로벌 은행에 배우러 왔다"

36
Very good question!

    미국 은행은 미팅을 많이 한다. 모든 구성원들에게 'One team'이라는 팀워크를 강조하고, 미션, 밸류 그리고 목표를 명확하게 알리며 필요한 정보를 공유한다는 취지에서 미팅을 자주 갖는다.

    글로벌 미팅을 할 때는 일 년에 한두 번 미국 본점 근처에서 모이고, 지역별 미팅은 아시아 국가 내에서 번갈아가며 미팅을 개최한다. 얼굴을 보고 만나서 하는 이러한 미팅 외에도 화상으로 하는 타운 홀(town hall) 미팅이나 전화로 연결하는 텔레 컨퍼런스를 꽤 많이 한다.

    타운 홀 미팅은 식민지시대 미국 뉴잉글랜드 지역에서 행해졌던 타운미팅에서 유래되었다고 들었다. 당시 뉴잉글랜드 지역에서는 주민 전체가 한자리에 모여 토론을 한 후 투표를 통하여 예산안, 공무원 선출, 조례제정 등 지역의 법과 정책, 행정 절차에 대한 결정을 내리곤 했다. 타운미팅의 전통을 이어받아 미국 은행에서는 각 그룹의 최고 책임자마다 타운 홀 미팅을 통해서 조직도의 변화, 최근 실적분석 보고, 새로운 목표와 전략 등을 직원들에게 설명한다.

모든 미팅 후에는 항상 Q&A(Question and Answer) 시간을 갖는데 이때 누가 무슨 질문을 어떻게 하느냐에 따라 질문한 사람의 업무지식과 맡은 일에 대한 열정 그리고 의사소통 스킬까지 적나라하게 드러난다. 그래서 질문을 한다는 것은 정말로 중요한 순간이다. 자기를 홍보하는 기회가 될 수도 있고 본인의 좁은 역량이 노출될 수도 있는 위기에 직면하는 두 가지 갈림길을 갖고 있다.

질문을 받으면 거의 대부분의 미국 사람들은 "It's a good question!" 하고 일단 칭찬 멘트를 날린다. 모든 질문이 다 좋은 질문이라는 것이다. 과연 그럴까? 질문을 보면 그 사람의 능력을 알 수 있고 질문하는 사람이 상황이나 맥락을 어느 정도 파악했는지를 알 수 있다. 다루고 있는 주제에 대하여 어느 정도의 관심과 열정을 갖고 있는지를 볼 수 있다.

미국 은행에서는 질문을 잘하는 사람을 아주 좋게 평가한다. 더 정확하게 말하자면 좋은 질문을 하는 사람을 눈여겨보고 그 사람에게 사람들이 모인다. 회의가 끝나고 휴식시간이 되면 프레젠테이션을 했던 사람뿐 아니라 회의에 집중했던 사람들 중에 몇 명은 좋은 질문을 했던 사람과 명함을 나누고 이야기를 나누려고 질문했던 사람 주위로 모여드는 광경을 많이 보았다. 선수는 선수를 알아보는 것이다.

가장 간편하면서도 확실하게 윗사람에게 자기 자신을 알릴 수 있는 방법은 회의시간에 좋은 질문을 하는 것이다. 아부하지 않고 비겁하지 않게 당당하게 자기를 노출시키는 방법이다.

그렇다면 제대로 된 좋은 질문을 어떻게 할 것인가? 상대방의 전문 분야를 정확히 알고 아주 간략하게 핵심을 건드려야 한다. 추상적이 아니라 구체적이고 본질적이어야 한다.

순간적으로 떠오른 질문보다는 잘 다듬어서 완성된 질문이 더 바람직하다. 의견이 다를지라도 너무 감정을 싣지 말고 담백하게 논리적으로 내가 생각을 다르게 하는 부분을 명쾌하게 설명해야 한다. 질문을 통해서 결정적인 안타를 치기 원한다면 질문을 하기 전에 내가 질문한 후에 상황이 어떻게 흘러갈지 여러 경우를 예측해보는 것도 도움이 된다.

최진석 교수님의 '질문과 대답'에 대한 아래의 정의를 나는 좋아한다.

"우물 안에서 우물 밖을 꿈꾸는 상상력이 발동될 때 가장 먼저 일어나는 지적 활동이 바로 질문이다. 반면에 자신이 머무는 우물 안으로만 시선이 향해 있을 때 작동되는 지적 활동은 대답이다. 대답할 때 인간은 주도권을 스스로 갖지 못하지만 질문은 콘텐츠가 생산되는 과정이다. 질문은 인간이 스스로 다음 단계로 나아가는 통로로서 역할을 하게 된다."

글로벌 은행은 질문하는 사람을 좋아한다. 제대로 된 좋은 질문을 하는 사람을 눈여겨본다. 다행인 것은 우리가 연습과 노력을 하게 되면 질문을 잘 하게 된다. It's a very good question! 이 말을 듣기에 부끄럽지 않은 좋은 질문을 하기 위해 내가 하는 방법은 '많이 생각하기'이다.

하나의 주제에 대하여 한번 이해한 후에 그 생각을 뒤집어도 보고 상대방 입장에서도 들여다보고 일 년 후, 십 년 후에는 어떤 변화가 있을지를 가정해보고 관련된 파장을 예상해보는 그런 '생각하는 연습'을 조금씩 하다 보니 나의 시야와 시각이 넓어지는 것을 느낄 수 있다.

질문은 인간이 스스로 다음 단계로 나아가는 통로의 역할을 한다지 않는가? 'Very good question'을 디딤돌 삼아 다음 단계로 계속 나아가 보련다. *

37
Wall Street에 가봤더니

　세계 금융은 런던에서 뉴욕으로 계속 중심이 이동되어, 금융에 대한 어떠한 이슈가 나올 때마다 카메라가 첫 번째로 비추는 곳은 뉴욕 맨해튼의 월 스트리트와 그곳에서 근무하는 뱅커들의 반응이다.

　2012년 8월에 있었던 미국과 영국의 자존심 대결에서 미국이 승리함으로써 금융강국으로서의 미국의 입지가 더 확고해졌다. 〈뉴욕타임즈〉가 영국계 은행 스탠더드차터드은행이 이란과 금융거래를 하였다는 기사를 폭로하면서부터 시작된 영국과 미국의 치열한 논쟁과 법적인 다툼이 청문회 직전에 스탠더드차타드은행이 3억 불이 넘는 벌금을 내면서 끝이 났기 때문이다.

　하지만 현재도 금융기관 간에 자금거래를 할 때는 영국 런던에서 우량은행끼리 단기자금을 거래할 때 적용하는 리보

(Libor, London Inter Bank Offered Rate)를 사용하는 것만 봐도 금융의 역사와 전통은 영국으로부터 태동되었다는 사실은 진실이며 금융 중심지로서의 영국의 자부심과 존재감은 여전히 막강하다.

뉴욕 시에는 세계 금융과 경제, 외교, 패션의 중심지로 알려진 맨해튼이 있고, 맨해튼의 가장 남쪽에 자리 잡고 있는 지역의 이름이 파이낸셜 디스트릭트(Financial District)이다. 그곳에 세계에서 가장 큰 증권거래소인 뉴욕증권거래소와 천여 개 이상의 금융기관이 있고 월 스트리트가 있다. 그 월 스트리트(Wall Street)를 현재는 세계 금융의 중심지라고 부른다.

월 스트리트라는 이름의 유래는 맨해튼 섬에 처음으로 정착한 네덜란드 사람들이 아메리칸 인디언들의 공격으로부터 자신들의 주거지를 보호하기 위하여 담장(Wall)을 쌓았었고 그 담장 안쪽을 따라 생긴 길이 현재의 월 스트리트가 되었다고 하는 이야기를 어느 책에서 읽은 기억이 있다.

월 스트리트를 금융의 중심지로 만드는 데 가장 공헌을 한 것은 뉴욕증권거래소이고, 미국에서 주식이 거래되기 시작한 것은 1792년 맨해튼의 아메리칸 인디언 박물관 근처에서 몇몇 사람들이 나무 그늘에 모여 거래를 하는 것으로부터 시작되었다고 한다.

우리나라의 금융 중심지는 어디인가? 미국 본점에서 여신을 담당하는 심사역이나 마케팅을 담당하는 동료가 한국을 방문하면 여러 국내 은행을 방문한다. 몇몇 국내 은행의 본점을 방문하기 위하여 여의도로 가면서 이 지역이 은행, 보험, 증권사와 자산운용사 그리고 많은 금융 브로커와 부띠끄들이 자리를 잡고 있는 한국의 월 스트리트라고 소개하지만 뭔가 부족한 듯하다. 우리에게도 한국 금융가를 상징하는 특징적인 것이 있었으면 한다.

2008년 3월에 '금융중심지 조성과 발전에 관한 법률'을 제정하면서 대한민국을 대표할 국제금융도시를 만들려는 원대한 목표를 가졌다. 제1금융중심지인 서울에 이어 2009년에 부산을 금융중심지로 지정하였고 현재는 제3의 금융중심지를 선정하는 문제로 여러 가지 의견이 오가고 있다.

금융산업은 부가가치가 높고 고용창출 효과가 크다. 현재 홍콩, 싱가포르, 상하이, 도쿄 그리고 베이징이 세계 10대 금융도시에 포함된다. IT와 핀테크 산업부문에서 선두적으로 나아가고 있는 한국이 조금만 더 금융에 역량을 집중하면 우리 젊은 청년들이 일할 수 있는 기회도 많이 생기고 아시아에서 손꼽히는 금융의 중심지가 되는 날도 멀지 않으리라고 생각한다.

국민연금공단이 운영하는 약 700조의 국민연금을 운영하는 파트너로 선정된 글로벌 수탁은행인 스테이트스트리트은행

(State Street bank)과 뉴욕멜론은행이 전주에 사무소를 열었다. 영업을 할 수 있고 실적으로 수익을 얻을 수만 있다면 콧대 높아 보이는 글로벌 은행도 지방에 사무실을 추가로 열거나 아예 이주할 만큼 적극적인 것을 보여주는 사례다.

월 스트리트에 가서 돌진하는 황소(Charging Bull)의 얼굴 앞에서 그리고 엉덩이 옆에서 사진을 찍고 오는 것도 재미있지만 이제는 우리나라가 세계 금융의 중심지가 되어서 많은 글로벌 은행들이 앞 다투어 한국에 사무실을 열고 영업을 하도록 만들어야 한다.

세상에 영원한 것은 없다. 영국 런던에서 시작한 세계 금융의 중심축이 뉴욕으로 옮겨지고 중국, 일본, 홍콩의 파워가 커지면서 아시아 금융의 파워가 미국과 유럽을 위협할 만큼 거대해졌다.

대한민국 금융의 파워를 확대하기 위하여 많은 젊은이들이 뉴욕, 런던 그리고 아시아 시장으로 나아가기를 바란다. 여러 나라의 중앙은행, 금융감독원, 증권거래소 등 핵심기관의 문을 두드리자. 호랑이를 잡으려면 호랑이 굴을 찾아가야 한다는 옛말처럼 과감하게 금융사냥을 떠나보자. 세계의 금융기관을 그대의 품에 품어보라.＊

38
와코비아은행의 몰락

　와코비아은행은 미국의 대표적인 상업은행 중 하나로 2007
년 말 기준으로 미국에서 자산기준 4위의 은행이었다. Citi
bank, BOA, JP Morgan Chase에 이어 랭킹 4위의 은행으
로, 2008년 6월 말 기준으로 USD 8,124억불(920조원/1130
원 환율 적용)의 자산을 보유하고 미국 동남부의 14개 주에
3,300개 이상의 지점을 보유한 대표적인 상업은행이었으며
2000년 이래 8년 연속 고객만족 서비스분야에 있어서 1등을
놓친 적이 없는 우수한 은행이었다.

　와코비아은행이 자산기준으로 4위의 위치에 있었으나 그
위에 있는 3대 은행과의 자산규모와는 많은 격차가 있었다.
이들 세 은행은 모두 자산이 1조 불을 넘는 조불클럽(Trillion
$ Club) 은행들이었다. 언제 Big3 중의 한 은행이 와코비아은
행을 삼킬지 모른다는 두려움에 와코비아은행은 자산을 불리

기 위해서 몸집을 늘려야 한다는 강박관념에 빠지게 된다.

자산규모에 대한 열등감에 더하여 상위 세 은행과의 또 다른 뚜렷한 격차는 자본시장 영업, 투자은행 영업과 국제업무 비중에 있었다. 국제기업을 상대로 하는 무역과 투자, 대출, 자금이체 등을 담당하고 있는 국제업무 비중에 있어서는 상위 3대 은행과 현격한 차이가 났다. 국제업무가 차지하는 비중이 각각 씨티가 50% 이상, 체이스가 30%, 뱅크오브아메리카가 15%인 데 비하여 와코비아은행은 3% 아래에 그치고 있었다.

단기간에 투자은행 업무 쪽 시장점유율을 높이기 위해 와코비아은행은 CDO 등 채권매매업무를 강화하고 골든웨스트파이낸셜이라는 모기지 전문 은행을 인수하는 계획을 세운다. 당시의 부동산 거품을 타고 서부 캘리포니아에서 만든 서브프라임 모기지 자산으로 CDO 채권을 만들고 전 세계 투자가들에게 매매하여 엄청난 수익을 올리며 보너스를 챙기던 월 스트리트 투자은행들의 업무를 벤치마킹 한 것이다.

2006년 6월, 와코비아은행의 시장자본이 약 860억 불이었을 때 경영진들 사이에서 심한 논란이 있었음에도 캘리포니아 오클랜드에 있는 골든웨스트 파이낸셜을 255억 불에 인수하는 최악의 결정을 하게 되고, 이것이 와코비아은행이 2년 후 웰스파고은행에 인수합병당하는 결과를 초래하게 된다.

와코비아은행은 몸집을 불리기 위하여 1,200억이라는 골든 웨스트의 자산도 필요하였지만 부동산 담보대출을 기초자산으로 하여 자본시장에 유통시킬 수 있는 주거용 부동산 담보부 채권과 각종 담보부 채권 등 투자금융팀 시장거래인들이 월 스트리트에서 매매할 수 있는 각종 채권자산을 만들어내기 위한 목적도 있었다.

그러나 시장이 과열되었을 때 기업 인수는 상투를 잡을 가능성이 너무나 높은 도박이었고 와코비아은행의 골든웨스트 인수는 너무 급히 이루어졌다. 당시 와코비아은행의 많은 책임자들이 제대로 재무구조와 대출자산에 대한 정밀한 실사도 하지 못했다고 한결같이 불평할 정도로 급하게 서두른 합병이었다.

2007년부터 2008년까지 2년에 걸쳐 진행된 미국의 금융쓰나미 진행은 엄청났다. 미국 투자은행 초토화의 신호탄은 베어스턴즈였다. 단기자금인 RP자금으로 하루하루를 아슬아슬하게 연명하던 베어스턴즈가 채권시장의 위축과 전 세계 금융기관에 번진 신용위기로 인한 자금조달의 어려움을 견디지 못하고 2008년 3월 JP모간체이스은행에 1주당 2불에 인수되었다.

9월에는 신용위기와 더불어 채권시장의 마비로 붕괴되는 주

택금융시스템을 지원하기 위하여 미국은 주택대출 인수에 시달리던 페니매와 프레디맥에 대한 정부관리를 선언하고 메릴린치를 뱅크오브아메리카에 떠넘긴다. 며칠 후 리먼브라더스도 파산이 결정되었다.

그러나 그중 최고의 충격은 연방예금보험공사가 발표한 씨티은행과 와코비아은행의 합병이었다. 그리고 더 놀라운 반전은 바로 1주일 후 웰스파고은행이 제시한 합병조건이 씨티은행보다 유리하고 씨티은행과의 합병 계약이 법적인 효력이 없다는 것을 확인한 예금보험공사는 씨티은행과의 계약을 파기하고 웰스파고은행에게 와코비아은행을 인수하도록 하였다는 것이다.

와코비아은행의 몰락은 서브프라임 거품 붕괴로 인한 부동산 담보대출이 초래한 손실과 허약해진 자본금 비율이 직격탄이었다. 와코비아은행의 몰락을 현장에서 지켜보면서 나는 무엇을 배웠을까? 단순한 원칙을 지키고 기본에 충실해야 하는 것은 쉬운 것 같으면서도 어려운 일이다. 그러나 가장 기억하고 실천해야 하는 중요한 원칙이다.

와코비아은행은 가장 보수적이고 전통적인 상업은행으로 국내에서 명망 있는 최우수 상업은행이었지만 한순간 덩치 키우기에 혈안이 되어 익숙하지 않은 사업 분야로 눈을 돌리고 단기간에 성과를 만들어내기 위하여 가장 쉬운 방법인 합병에 합병을 거듭하면서 몸집을 키우는 무리한 결정을 하게 됨으로써 기본적 원칙을 벗어났다.

내실 있는 경영으로 승승장구하던 와코비아은행이 부동산 꼭지의 위기에서 부동산 거품 붕괴가능성을 경고하는 시장의 충고를 무시하고 골든웨스트를 인수한 것은 치명적인 순간의 실수였다. 악화되기 시작한 거시환경의 변화를 슬기롭게 제때에 대처하지 못하고 인수한 직후부터 계속 내리막을 걷다가 2008년 9월 세계신용위기의 직격탄을 맞고 침몰한 것은 금융기관이 유념해야 할 틈새위험관리가 어떤 결과를 갖고 오는지를 보여준다.

불안한 시장에서는 예금자와 투자자들이 부실한 은행에서 안전한 은행으로 예금을 옮기는 예금인출이 점점 증가되고 조그마한 소문에도 자금을 빌려주지 않는 자금시장의 왜곡현상이 심화되어 간다. 이러한 은행의 유동성 위기는 생각보다 훨씬 심각하고 꼬리에 꼬리를 물며 급속하게 진행된다. 자산을 키우든 새로운 영역에 진출을 하든 문제는 그것을 관리하는 기본적인 능력이 갖춰진 후에 성장을 도모해야 하는 것이다.

웰스파고은행이 와코비아은행을 인수한 후 가장 먼저 한 일은 와코비아은행의 투자은행 업무를 웰스파고은행의 모델로

축소하는 것이었다. 웰스파고은행은 월 스트리트에 관심이 없다고 확실하게 말하며 은행의 기본 업무에 충실하고 파생 상품을 경계하겠다고 말했다.

씨티와의 경쟁에서 와코비아은행을 거머쥔 웰스파고은행은 와코비아은행이 몰락한 배경을 기억하고 미국에서 고객이 거래하고 싶은 최고의 은행이 되기 위한 노력을 계속하고 있다. 변화에 발맞추어 나가는 적극적인 자세는 필요하지만 허황된 꿈을 좇지 않고 기본에 충실한 자세를 지키는 것은 어느 조직에서도 명심해야 할 원칙이다. *

39
시너지효과

"TV에서 시너지, 시너지 하는데 저게 무슨 소리인지 모르겠다."

우리 엄마 또 시작이다. 지치지 않는 엄마의 학구열! 87세 할머니의 배움에 대한 열정을 본받아야 함에도 불구하고 가끔은 엄마의 계속되는 질문이 귀찮고 꼬박꼬박 설명하기도 어려울 때가 있다. 어떤 것은 나도 잘 모른 채 대충 넘어가는데 우리 엄마는 '호기심 천국'이다.

'인싸, 아싸' 같은 신조어를 물어보는 건 애교이고, 뉴스를 보면서 그날그날 새로 나오는 단어 중에 잘 모르는 것은 우리한테 꼭 묻고 확인하고 넘어간다. 요즘은 '화이트 리스트', '사모펀드' 그리고 '데이터 바우처'가 엄마의 레이더망에 걸렸고, 나는 학창시절 선생님이 랜덤으로 부르는 번호에 당첨되었을 때 할 수 없이 대답해야 하는 학생처럼 엄마한테 어떻게 설명을 해야 할지 급하게 머리를 굴려야 한다.

"시너지효과라는 것은 1+1=2보다 더 큰 효과를 내는 거야. 엄마, 볶음밥에 짜장 소스 부어서 먹으면 훨씬 맛있잖아. 그런 것처럼 둘이 합쳤을 때 둘 이상 더 크게 만족하는 거, 그런 게 시너지효과야."

쉽게 설명을 한다고 예를 들은 볶음밥에 짜장 소스가 시너지효과 맞나? 좀 이상한데.

"엄마, 지난번에 TV에서 앞이 안 보이는 아들이 다리가 아파서 걷지 못하는 자기 엄마를 업고 가는 거 봤잖아. 등에 업힌 엄마가 아들한테 오른쪽으로 가라 왼쪽으로 가라 그렇게 방향을 알려주면서 다니는 거. 그렇게 혼자 있을 때보다 둘이 함께 뭉칠 때 더 잘할 수 있는 거, 그런 것을 시너지효과라고 하는 거야."

언젠가부터 '시너지', '시너지효과'라는 단어가 경제 분야뿐만 아니라 여러 다양한 분야에서 사용되고 있다. 기업 간의 인수합병을 발표하면서 제일 먼저 하는 얘기가 "합병을 함으로써 시너지를 기대한다"고 한다. 중견 의류업체가 유명 스포츠 스타와 한시적인 협업을 하면서도 "시너지를 올리기 위해서 의기투합했노라"고 한다.

와코비아은행(Wachovia bank)은 샬롯에 본점을 두고 미국 동부를 주 무대로 영업하고 있던 미국 내 자산순위 4위의 은행이었고, 웰스파고은행(Wells Fargo bank)은 본점이 샌프란시스코에 있고 미국 서부를 대상으로 영업을 하던 5위의 은행이었다.

2013년에 두 W은행이 꿈의 합병을 함으로써 미국의 동부와 서부를 모두 통틀어서 영업하게 되었다. 두 W은행 간의 합병 뉴스가 발표되자 합병에 따른 시너지효과가 얼마나 예상되는지에 대한 얘기가 증권가에 넘쳐났다. 물론 합병의 결과로 두 은행은 증가된 고객과 확장된 영업 지점망을 통해서 기대 이상으로 영업이익이 올랐다. 예상했던 대로 시너지효과를 얻은 것이다.

마케팅 부서에는 직접 고객을 만나는 세일즈 팀(sales team)과 고객의 불편사항을 해결하고 영업과 관련한 자료, 보고서 작성 같은 서류작업을 하는 써포팅 팀(supporting team)이 있다. 쉬운 비유로 세일즈 팀을 실적을 물어오는 '찍새'라고 하고, 써포팅 팀은 찍새가 찍어온 업무를 열심히 빛이 나도록 닦아서 고객이 만족하도록 하는 '닦새'라고 부른다.

'찍새'와 '닦새'가 얼마만큼 협업이 잘 되느냐에 따라서 영업의 실적이 달라진다. 치열한 경쟁 속에서 가끔은 세일즈 팀이 자존심을 구겨가며 받아온 업무를 써포팅 팀이 빛이 나게 닦지를 못해서 고객이 발길을 끊는 경우가 있다. 또는 '닦새'가 광택을 낼 준비를 다 하고 기다리고 있어도 '찍새'가 업무를 갖고 오지 못하면 '닦새'는 그저 개점휴업이다. 그런 상황이 한동안 지속되면 폐업이다. 찍새와 닦새가 손발을 맞춰가며 잘 돌아가야 마케팅 부서가 돌아가고 은행이 돌아가고 직원들 주머니에 돈이 돌아간다.

가정에서는 어떤가? 결혼이란 한 남자와 한 여자가 만나서 1+1이 되는 것이다. 남편과 아내가 어떻게 서로 이해하고 배려하며 사느냐에 따라 결과치가 2 이상 3 또는 10이 되거나 100이 될 수도 있고 반대로 서로 다투고 대립하다가 상처만 안고 헤어지는 마이너스 결과가 나타날 수도 있다.

스코틀랜드 산 짐마차용 말인 클라이즈데일의 조련사에 따르면 보통 말 한 마리가 끌 수 있는 짐은 대략 3,175kg이라 한다. 그러면 두 마리가 함께 끌 수 있는 짐은 약 6,350kg이 될 것이다. 그러나 팀을 구성해 적절한 훈련을 시키면 두 마리의 클라이즈데일은 약 11,340kg의 짐을 끌 수 있다고 한다.

커다란 상승효과, 시너지를 얻기 위해서는 적절한 훈련이 필요하다. 사람과 사람 사이에는 어떤 훈련이 필요할까? 상대방을 이해하는 훈련, 참아주는 훈련, 사랑하는 훈련 그리고 또 어떤 훈련이 필요한가. 그 많은 훈련 중에 딱 한 가지만을 선택해야 한다면, 나는 '말을 예쁘게 하는 훈련'을 추천하고 싶다.

이 나이까지 살아오니 알게 되었다. 말을 예쁘게 하는 것, 이것이 사람과 사람이 만나서 시너지효과를 만들어내는 가장 확실한 방법이다. 쉽지는 않다. 그래도 노력하는 만큼 말을 예쁘게 할 수 있다. 얼굴이 예쁜 사람을 봤을 때의 감동보다 말을 예쁘게 하는 사람과 만나고 헤어졌을 때 오는 감동이 더 크다. 말을 예쁘게 하는 사람과는 또 마주 앉아 이야기를 나누고 싶어진다. 그 대화 속에서 불현듯이 좋은 생각이 나오고 함께 손을 잡을 수 있다. 그런 만남이 계속되는 것, 그것도 시너지효과가 아닐까? *

40
웰스파고 웨이(Wells Fargo Way)

"클수록 좋은 것이 아니라 좋을수록 커진다."

1995년부터 2009년 9월에 은퇴를 선언할 때까지 웰스파고
은행의 CEO와 회장을 역임한 리처드 코바세비치가 강조한 웰
스파고은행의 신념이다. 고객의 꿈과 미래에 관심을 갖고 그
것을 실현시킬 수 있는 상품과 서비스를 제공하는 '크기'보다
는 '고객의 가치'에 방점을 두는 웰스파고은행의 기본 방침을
말한 것이다.

콘트래리언(contraian), 청개구리, 역발상 경영의 명수. 어느
광고의 카피처럼 남들이 모두 "Yes"라고 할 때 "No"라고 이야
기하는 사람이 콘트래리언이고 청개구리라고 불리며, 남들과
다르게 생각하고 반대의 길을 소신 있게 걸어가는 사람이다.
금융가에서 웰스파고은행은 콘트래리언이고 청개구리처럼 보
이지만 우리는 역발상의 명수라고 자평한다.

2007년에 코바세비치로부터 CEO 자리를 물려받은 존 스텀프는 "금융산업 내의 유행이나 변화는 관심 밖"이라고 말했다. 그는 "웰스파고은행이 관심 있는 것은 우리의 고객을 부자로 만드는 것이고 그것이 웰스파고은행의 미션이다. 그러기 위해서 우리가 잘하는 강점을 이용한 경영을 하기 때문에 다른 대형 미국 은행이 IB(Investment Banking 투자은행)에 집중하여 단기간에 무더기로 돈을 벌어들일 때도 흔들리지 않았다"고 강조한다.

세계적 가치투자자이며 버크셔해서웨이 회장인 워런 버핏은 "웰스파고은행을 통째로 사고 싶다"고 말할 만큼 웰스파고은행의 경영이념을 좋아한다. 현재 웰스파고은행의 주주인 워런 버핏은 "웰스파고은행의 위대함은 남들이 하지 않는 것을 하는 데 있다"고 했다.

웰스파고은행은 남들이 지점을 줄일 때 늘리고 서브 프라임 모기지에 대출을 늘릴 때 도리어 줄였다. 경쟁자들과 반대로 가는 것을 두려워하지 않고 즐기는 담대함이 있었다. 경쟁 은행들이 몸집을 키우기 위해 해외 소매금융에 진출할 때도 은행의 기본 업무에 충실하자는 우리의 신념을 잊지 않았다.

웰스파고은행은 전체 수익 중 대출이자 수익은 크지 않고 비이자 수익이 50%가 되는 '수수료 중심 사업모델'을 추구했다.

우리 고객이라면 은행에서 필요한 예금, 대출, 모기지, 은퇴 부문의 다양한 상품을 모두 우리 은행 내에서 한꺼번에 해결할 수 있도록 만들었다. 이를 교차판매(cross selling)라고 하는데 금융 상품을 패키지로 제공하는 것이다.

맥도날드의 '해피밀 세트'처럼 햄버거에 감자튀김 그리고 갖고 싶은 장난감까지 패키지로 준비해서 안겨주는 시스템을 추구하는 금융상품 전문 유통기업을 지향하는 것이다. 그래서 웰스파고은행은 고객이 금융상품을 사는 지점을 가게(store)라고 부르고 가게를 아주 고급스럽고 우아하게 꾸민다. 본점에 있는 행장실이나 임원의 방은 작고 소박한 반면 고객이 방문하는 가게는 편안하고 안락하게 인테리어에 신경을 쓰고 고객을 직접 만나는 직원을 스타로 대우하고 있다.

고객중심으로 영업하기 위하여 토요일에 영업하고 고객이 필요하다면 일요일에 약속을 잡고 그 시간에 은행 직원이 가게의 문을 열고 고객과 상담한다. 특히 쇼핑몰에 위치한 웰스파고은행의 스토어는 대부분 고객이 편한 시간대에 맞추어 영업시간을 유동적으로 조정하고 있다.

웰스파고은행은 IT에 과감하게 집중적으로 투자했다. 빅뱅을 추구하는 은행 간의 통합이 활발해지면서 은행의 숫자는 줄어들고 규모는 커지는 환경이 되면 고객에 대한 금융서비스의 통합이 이루어져야 하고 그에 필요한 정보기술이 필요하다는 앞선 생각을 하였기 때문이다. 그래서 웰스파고은행은 미국 은행 중에서 가장 먼저 온라인뱅킹 시스템을 도입하였다.

이러한 뚝심 청개구리 경영을 배우기 위해 국내의 많은 은행들이 샌프란시스코를 경쟁적으로 찾았고, 여러 군데의 컨설팅 기관이 웰스파고은행의 미션과 경영전략을 벤치마킹 한 후 성공요인을 분석한 리포트를 발표했다. 국내 은행들뿐 아니라 중국 은행들을 시작으로 아시안 은행들과 유럽의 많은 은행들이 물밀듯이 샌프란시스코를 찾아와서 교차판매에 관한 노하우를 배우고 갔다.

그러나 도전과 시련도 있었다. 경쟁적으로 실적을 내기 위한 직원들이 고객의 동의 없이 신규 계좌 200만 개를 만든 사실이 2016년에 적발되었고 이 스캔들에 책임을 지고 존 스텀프 행장이 물러났다. 존의 뒤를 이어 그해에 새로 행장이 된 팀 슬론 행장도 사태를 어느 정도 수습한 후 미국 금융감독청의 권고를 받아들여 2019년 3월에 31년간 근무했던 은행을 떠나는 등의 내부 진통도 겪었다.

한동안 많은 국내 은행들이 웰스파고은행의 교차판매를 배우기 위해 열심이었다. 그러다 스캔들이 있고 난 후 급격하게 잠잠해졌다. 그러나 나는 기본적인 교차판매나 비이자 수익에 집중하는 사업모델이 잘못되었다고는 생각하지 않는다. 그것을 운영하면서 따라오는 성과제도와 리스크를 어떻게 철저하게 모니터링하고 관리하여야 하는지를 고민하고 발전시켜 나가는 것이 숙제인 것이다.

'우리 은행의 고객이 부자가 되도록 돕는다'는 마음으로 고객이 필요로 하는 은행상품을 가장 좋은 조건으로 만들어 제공한다면 우리 은행의 고객이 어디로 떠나겠는가?

장기적인 안목으로 역발상의 경영방침 아래서 은행의 장점을 활용한 기본적인 은행 업무에 충실한 것은 계속 지켜나가야 할 변하지 않을 진리이다. 현재 웰스파고은행은 과거부터 했던 대로 한쪽 방향으로 쏠리지 않고 뚝심 있게 원칙을 지키려는 첫 마음과 첫 생각을 되돌아보며 원점 정리를 하고 있다.

'클수록 좋은 것이 아니라 좋을수록 커진다'는 Wells Fargo Way! 나는 웰스파고은행이 가고자 하는 길에 한 표를 던진다. 은행을 다니면서 경험한 비즈니스의 전략과 은행의 미션과 가치를 나의 인생에도 적용해본다.

남이 보기에 크고 화려해 보이는 생활보다는 겸손하고 소박하게 하루하루를 사는 '유성희의 길'을 뚜벅뚜벅 가련다. 그 길의 끝에는 건강과 행복이 나를 기다리고 있다는 확신에 마음이 든든하다. 돌아서지 않고 멈추지만 않으면 된다. *

41 경청으로 대박 터트린 뱅커

　은행이 벌어들이는 수익은 크게 이자부문과 비이자부문으로 나눈다. 이자수익은 그야말로 돈을 빌려주고 받은 이자수익을 말하고 비이자수익은 은행의 전체 영업이익 중에서 이자수익을 뺀 나머지를 모두 비이자수익으로 보면 된다. 고객이 송금이나 ATM 기기 사용 등의 대가로 지급하는 수수료를 포함해 주식과 채권 등의 투자로 낸 수익 등이 대표적인 비이자이익이다.

　미국 연방은행에서 고지하는 예금금리와 더불어 국내 은행도 2019년에 기준금리를 몇 차례 인하하면서 수익성 지표인 순이자마진(NIM, Net Interest Margin)이 적게는 3bp에서 많게는 8bp까지 떨어졌다. 은행이 이자부문에서 수익을 얻기는 갈수록 어려워지는 환경이다.

코레스펀던트뱅킹(correspondent banking)은 금융기관 간의 결제업무를 담당하기 때문에 위험요인이 크지 않고 눈에 띄지는 않지만 꾸준한 수수료 수입을 가져오는 믿음직스러운 은행 업무다. 국내 은행을 포함한 세계 각국의 은행이 미국 은행에 갖고 있는 달러계좌를 통하여 개인의 송금이나 은행 간 자금거래의 결제를 할 때 수수료를 받는다.

수표나 수출환어음의 추심, 수입신용장 결제와 관련된 각종 지급과 무역금융 등을 담당하는 이 업무는 대출이나 투자업무에 비하여 위험이 별로 없다. 업무를 하는 과정에서 위험요인이 거의 없으면서 거래할 때마다 건별로 일정한 수수료를 받을 수 있으니 아주 알토란같은 업무다.

코레스펀던트 금융결제 업무를 하면서 현재는 원금에서 수수료를 차감하는 것이 서비스에 대한 대가를 지불하는 방식으로 거래 당사자들이 모두 이해하고 있다. 그러나 과거에는 수수료를 받는 대신 계좌에 잔액을 많이 쌓아놓는 방법으로 하였기 때문에 코레스 마케팅 담당자들은 고객 은행에게 계좌에 잔액을 많이 남겨놓으라고 영업을 했다.

그러던 어느 날 국내 은행의 자금담당 책임자가 코레스펀던트은행의 마케팅 담당자에게 "금융결제 거래 때 원금에서 일정 수수료를 떼고 입금을 시키는 방법이 없느냐"고 물었다. 국내 은행의 입장에서는 잔액을 많이 깔아놓기보다는 거래별로 일정금액을 정산하는 것이 간단하면서도 은행에 자금 손실이 없다고 판단하게 된 것이다.

　자금 결제와 관련된 은행의 수수료를 원금에서 공제하자는 고객의 제안은 당시 누구도 생각해보지 않았던 획기적인 발상이었다. 당시 누구도 생각하지 않았던 하나의 해결책이 고객의 머리에서 나왔고 그 이야기를 흘려버리지 않고 본점에 연락해 프로그램을 개발하여 수수료를 떼는 방법을 만들어낸 마케팅 담당자는 대박을 쳤다. 최고의 보너스는 물론이요, 그 후에도 여기저기 스카우트 제의에 몸값이 몇 배나 상승하였다.

　모든 개선책은 그 상품을 사용하는 고객의 불만 속에서 탄생한다. 고객이 불편하다고 하는 부분에 대하여 고민하라. 고객이 보완해달라고 하는 문제에 대하여 생각을 집중하다 보면 문제를 해결하는 차원을 넘어서 실적의 증가와 서비스 만족도에 있어서 눈에 띄는 성과를 내게 된다.

　원금에서 수수료를 공제함으로써 거래할 때마다 건당 수수료가 쌓여가면서 코레스펀던트은행은 확실한 수익을 얻게 되고, 고객 은행은 잔액을 쌓아야 하는 의무감에서 벗어나게 되었다. 고객과의 면담 과정에서 고객의 이야기를 경청하고 실행에 옮긴 마케팅 직원은 은행이 영업이익을 얻게 되는 수익구조에 큰 전환점을 마련하는 계기를 안겨주었고 두말할 나위 없이 고속 승진을 하게 되었다.

미국 수표제도에 대한 고객의 불만이 있었다. 미국 수표법에 따라서 3년 내에는 배서 위변조로 부도가 나면 반환될 수 있기 때문에 그런 경우를 막기 위해서 미국 은행이 수표 한 장마다 1불씩을 받고 3년간의 부도가능성을 사가는 계약을 체결할 수 있는지를 문의하는 국내 은행 부장님이 있었다.

좋은 아이디어라는 생각이 들었다. 수표의 물량이 워낙 많기 때문에 수표 한 장당 1불을 받는 것이 본점에서도 처음에는 구미가 당기는 제안이었다. 그러나 미국의 어느 보험회사에서도 부도 반환되는 수표를 보상해주는 보험 상품을 만들 수 없다는 부정적인 반응에 본점 수표 담당자도 그 제안을 포기할 수밖에 없었다. 결과가 성공적이진 않았지만 고객과 함께 수표에 대하여 연구하고 논의를 거치는 과정에서 미국 수표에 대하여 많은 것을 배울 수 있었다.

고객의 불만에 괴로워하고 짜증을 내는 대신 귀를 기울여보자. 고객의 불편을 해결하기 위해서 공부하고 연구하다 보면 해결책이 보이고 새로운 아이디어가 떠오른다. 고객과의 대화에 경청하라. 우리한테 대박을 터트려주는 아이디어가 분명히 그 안에 숨어 있다. ＊

42
올해의 포니 색깔은?

"어머! 이거 너무 귀여워요."

매년 바뀌는 모델의 작은 '포니(pony)' 인형을 건넬 때 고객들의 반응이다. 웰스파고은행의 심볼은 '마차'다. 여러 말이 앞에서 끌어주는 마차가 은행의 상징이기에 매년 다른 품종의 말인형을 고객 분들께 기념품으로 드린다. 인형을 좋아하는 젊은 직원은 본인의 책상에 얹어놓고, 어린아이들이 있는 분들은 집에 갖고 가기도 하고 팀장님, 부장님들은 힘차게 앞으로 달리는 말의 상징적 이미지가 좋다고 하면서 매년 나오는 포니인형을 반가워한다.

어린 시절에 친구 집에 놀러 갔을 때 그 집 거실 진열장에 저금통이 연도별로 열 개 이상 진열된 것을 보았다. 예쁘기도하고 뭔가 역사를 보여주는 듯한 의미도 있어 보였다. 친구 아버지가 은행 지점장이어서 매년 나오는 은행 저금통을 진열해놓은 것이었다. 요즘은 국내 은행이 저금통을 만드는 경우가 많지 않지만 과거에는 저금을 장려하는 차원에서 주요 고객과 어린이 손님들에게 저금통을 선물로 주었다.

마케팅을 하면서 고객들께 간단한 선물을 하는 경우가 많다. 그런데 주는 쪽과 받는 쪽을 모두 만족시키면서 가격도 적당하고 부피도 너무 크지 않은 선물을 선택하기가 쉽지 않았다.

《따뜻한 카리스마》의 저자 이종선 씨가 국내 기업 컨설팅을 하고 답례로 받은 선물 중에서 감동을 받은 경우가 거의 없고 기업에서 기념일이나 명절에 고객들에게 보내는 선물들이 대부분 천편일률적인 것을 보고 선물 컨설팅과 구매를 대행하는 '델라 기프트'라는 회사를 설립하였다고 한다. 2019년에는 연 매출이 60억을 넘고 100억을 목표로 순항 중이며 코스닥에 상장하는 것까지도 계획 중이라고 한다.

델라 기프트의 이종선 사장이 "선물에 있어 중요한 것은 가격이 아니라 그 안에 담긴 마음과 메시지"라고 말한 것을 인터뷰에서 읽었다. 그에 덧붙여 선물이 가장 효과적으로 빛을 발하기 위해서는 선물을 건네는 타이밍과 어떤 방식으로 건네느냐 하는 것도 무척 중요하다.

선물은 왜 주고 받는가? 관계를 더욱 돈독하게 하기 위해서다. 내가 당신을 좋아하고 중요하게 생각하며 앞으로도 친하게 잘 지내고 싶다는 의사표시인 것이다. 선물은 언제 줄 때 가장 감동적일까? 받는 사람이 정말로 기대하고 있지 않을 때 건네는 선물이다.

글로벌 은행에서 마케팅을 담당하는 내 친구는 외국 출장을 다녀올 때마다 가방 가득 특이한 선물을 사가지고 온다. 대개 1불에서 2불 정도의 가격이다. 3천 원 미만의 특이하고 기발한 선물로 고객들을 완전히 사로잡는다.

어느 날은 삼성전자의 이재용 부회장이 청문회 중간에 사용하던 '립밤'을 딸기, 레몬, 민트향 등 다양하게 한 보따리를 가져왔고 야구공, 럭비공 모양의 '스트레스 볼'을 풀어놓기도 한다. 작은 선물 하나에도 세심하게 신경을 쓰고 마케팅을 진정으로 즐기며 고객과의 관계를 잘 유지하는 그 친구는 모든 고객들이 언제라도 보고 싶어 하고 만나고 싶어 하는 마케팅 매니저다.

글로벌 은행에서의 내부 매뉴얼에는 선물에 대한 규정이 아주 자세하면서 까다롭게 명기되어 있는데 그 이유는 '선물'이 '뇌물'로 변질되지 않게 주의하기 위해서다. 한 품목당 금액 제한은 물론이고 한 사람당 일 년에 얼마까지라는 상한선이 모두 정해져 있다. 선물의 금액뿐만 아니라 사무실이나 회의실을 무상으로 고객에게 대여하는 행위, 고객을 대신해서 자료를 만들어주는 행위도 사전에 승인을 받아 진행해야 하고 아예 승인이 나지 않는 경우도 많다.

그런데 회사의 기념품 목록에 있는 아이템 중에서 회사의 로고(logo)가 박혀 있는 상품을 고객에게 선물하는 것은 예산이 허락하는 범위 내에서는 자유롭게 할 수가 있다. 볼펜이나 머그컵과 같은 기본적인 품목부터 백일과 돌을 맞은 아기들에게 맞는 우주복 스타일의 옷도 있다. 가슴에 로고가 박힌 티셔츠와 데님셔츠도 멋스럽지만 옷의 사이즈를 잘 맞추기가 어려운 불편함이 있다.

선물은 받는 사람도 중요하지만 주는 사람의 이미지에도 잘 매칭되어야 하는데 글로벌 은행의 로고가 박힌 선물은 희소가치가 있어서인지 인기가 많다.

특히 국내 은행 분 중에 골프를 치는 분들은 글로벌 은행의 로고가 찍힌 골프공을 좋아한다. 재미있는 것은 우리와 골프를 칠 때는 다른 은행에서 받은 골프공으로 플레이를 한다. "그 은행을 멀리 쳐서 보내버립시다" 하고 농담을 하면서 다른 은행의 로고가 찍힌 공으로 티샷을 한다.

어느 날은 다른 은행과 라운딩을 할 때 나에게 했던 말씀과 비슷한 농담을 하면서 내가 선물한 마차가 찍힌 공으로 티샷을 하겠지만, 뭐 어떤가. 사람 사는 게 다 그런 거지. 어느 공으로 쳐도 공만 멀리 똑바로 보내면 좋은 것이고 나는 작은 선물로 고객을 즐겁게 하고 관계를 잘 유지하면 만사형통이다.

은행에 근무하는 동안 고객들께 드릴 수 있는 기념품은 되도록 많이 전해드리려고 노력했다. 매년 전해드렸던 포니처럼 내가 아는 모든 고객들이 힘차게 앞으로 전진하시기를 바란다.*

Chapter 7

Ciao with Wine

"새로운 길을 떠나는 가방을 싸다"

43
나의 터닝 포인트

아침마다 아파트 베란다 창문을 통해서 하이힐을 신고 서둘러 출근하는 여자들을 내려다보곤 했다. 급하게 서둘러 주차장을 빠져나가는 차들을 보면서 나도 모르게 중얼거리고 있었다.

"나도 몇 달 전까지만 해도 저랬는데."

아, 지금의 나는 뭔가? 출산을 몇 달 앞둔 무거운 몸으로 집에 들어앉아 있는 나 자신이 한없이 초라하게 생각되었다.

첫째 아들이 네 살이 되면서 둘째를 더 이상 미뤄서는 안 되겠다 싶어서 나 스스로 과감하게 결단을 내린 후 13년을 다닌 은행을 퇴직했다. 주부의 길로 들어선 지 몇 달밖에 안 지났는데도 출근하는 직장인의 모습은 나의 마음을 허전하게 만들었고 어딘가로부터 완전 소외된 느낌을 갖게 했다.

'아무리 입덧이 심해도 버텨볼걸. 내 손으로 아이를 키워보겠다고 남들이 다 부러워하는 그 직장을 그만두다니.'

돌이켜 보니 그 결정은 경솔하다 못해 무모하기 그지없는 오만함의 극치였다.

1996년 둘째를 낳고 아직 붓기도 빠지지 않았음에도 조간신문이 오면 아래부터 위로 훑어보는 것이 습관이 되었다. 구인광고부터 확인하는 것이다.

그러던 어느 날 남편이 며칠 지난 경제신문을 회사에서 가져다주었다. 빨간 색연필로 진하게 동그라미가 쳐진 구인 광고를 내 눈앞에 펼쳐 보이면서 '한 건' 물어온 듯이 으쓱거리는 남편의 얼굴은 본체만체하고 신문 광고를 낸 곳이 어디인지부터 읽어 내렸다. 오케이. 굿! 드디어 나왔구나.

그런데 지원자격은 35세 미만, 그 당시 나의 나이는 37세. 그리고 지원 마감일이 벌써 며칠이나 지난 후였다. 그러나 나의 강점인 '도전정신'을 발휘하여 이력서를 쓰기 시작했다.

그 당시에는 집에 컴퓨터도 없었고 둘째를 낳고서는 다시 취직할 계획이 없었기 때문에 따로 이력서를 만들어놓지 않았었다. 하지만 생각이란 변하기 마련이고 내가 잘하는 것이 '집안일'보다는 '직장 일'이라는 것을 깨달은 지금 나의 인생계획을 수정하는 것은 당연했다.

이면지에 대강의 이력을 써서 남편에게 타이핑해서 갖고 오라고 하고 서랍에서 몇 년 전에 찍은 반명함판 사진을 하나 찾아서 붙였다. 다음 날 아침 첫째 아이를 어린이집에 보낸 후 우체국이 열리자마자 빠른 등기로 이력서를 보냈다.

나의 예상을 뛰어넘은 나의 희망대로 다음 날 저녁 늦게 전화를 받았다. 야호! 면접을 보러 오라고 했다. 둘째를 낳아 부풀은 몸에 꽉 끼는 정장을 차려입고 인터뷰를 보러 갔다. 그후 일주일이 지난 1997년 4월 1일부터 2020년 1월 현재까지 지금의 은행을 다니고 있다. 나의 두 번째 직장으로의 첫 출근은 만우절에 시작되었고 거짓말처럼 진짜 현실이 되었다.

갑자기 아이를 돌봐줄 좋은 분을 일주일 안에 찾아야 하는 급박하고 어려운 상황도 다시 출근할 기회를 잡은 나의 뜨거운 의지를 막지는 못하였고, 열심히 여기저기 전화를 돌린 결과 마음이 좋아 보이는 아이를 돌봐주는 이모할머니를 만나게 되었다.

'하면 되지, 못할 게 뭐람'이라는 평소 나의 들이대는 성격을 무모하다고 평가절하하던 남편의 코를 납작하게 만드는 쾌감을 맛보며 나는 '누구 엄마'로 불리기보다는 다시 '나의 직함'으로 불리는 직장인의 세계로 화려하게 복귀했다. 남편이 가져다 준 신문광고 덕분에 다시 커리어 우먼으로 출근하기까지 그때의 일주일은 아직도 엊그제 일처럼 생생하게 나의 가슴을 뛰게 한다.

적지 않은 인생을 살아오면서 언제가 인생의 터닝 포인트였는지, 어떤 순간이 나의 최고의 순간이었는지를 질문 받곤 한다. 나는 내가 두 번째 직장으로 출근하게 된 그때가 나의 인생을 꽃피운 결정적 순간이라고 말한다. 그때 용감하게 도전했기에 그 후부터 지금까지 열정을 갖고 직장생활을 할 수 있었다.

그런데 어느 날 문득 새롭게 깨닫게 되었다. 나의 인생 중에서 터닝 포인트는 직장을 그만두기로 결정한 순간이 아닐까? 매일 다가오는 나의 하루를 어떻게 채워가야 할지를 깊이 생각하게 해줬고, 내가 잘할 수 있는 것을 심각하게 고민하면서 앞으로 어떻게 살고 싶은 건지, 나 자신을 들여다볼 수 있던 순간이었다. 보통의 사람들이 그러하듯 학교를 졸업하고 취직하여 돈을 벌고, 결혼하여 아이를 낳아 엄마가 되어 살아가던 아이 어른이었던 내가 스스로 생각이란 것을 하면서 살기로 작정한 순간이었다.

이제 정년퇴직을 하면서 또 한 번의 터닝 포인트를 만들려고 한다. 조직을 떠나서 내가 모든 것에 책임을 져야 한다는 생각에 겁이 나고 외롭고 마음이 무거워지기도 하지만, 오랜 시간 동안 세상을 경험했으니 진짜 어른이 되는 방향으로 길을 떠나려고 한다. 그 길을 따라가면 내가 찾던 내 마음 안에 있는 북극성을 볼 수 있을 것이다. 이제부터는 밤하늘에 떠 있는 별들도 새롭게 보고 얼굴을 스치는 바람도 다르게 느끼고 싶다. *

44 1세대 여성 RM이다

나는 글로벌 은행에서 마케팅을 담당하며 현장에서 정년퇴
직하는 여성 RM(Relationship Manager) 1호다. 나보다 마케
팅을 몇 년 먼저 시작한 여성 선배님이 두세 분 정도 계셨는데
그분들은 정년까지 근무를 하지 않고 중간에 그만두었다. 고
객과 직접 만나서 영업을 하고 성과를 내는 RM으로 꾸준하게
현장에 있다가 정년을 맞이하는 여성은 내가 1호이고 현재 글
로벌 은행 내에서 제일 맏언니다.

글로벌 은행에서 마케팅을 하는 RM들은 서로의 존재를 대
부분 알고 있어서 요즘 어느 RM이 열심히 고객들을 찾아다니
고, 국내 은행 분들이 좋아하는 RM이 누구이며, 왜 인기가 있
는지도 대충은 알고 있다. 기본적으로 마켓에서 활동하는 글
로벌 은행 RM의 숫자가 적고 때때로 여러 장소에서 마주쳐서
볼 기회가 많기 때문이다.

국내 은행이 주최하는 행사장에서도 만나고, 국내 은행을 방문했을 때 오며 가며 스치면서 눈인사도 나눈다. 주요 고객의 상가에 가면 웬만한 RM들이 거의 다 모이게 된다. 서로가 업무적으로는 경쟁 관계이지만 오랫동안 알고 지내다 보니 경쟁 관계라기보다는 같은 업무를 하는 동지라는 생각이 든다.

나이가 들어가면서 나와 같은 마케팅을 하는 여성 RM을 볼 때 가정일과 직장 일로 바쁘게 생활하는 그들이 친동생 같은 생각이 들어 측은지심이 느껴지는 경우가 대부분이다. 하지만 어떤 경우에는 맏언니로서 이야기를 해주고 싶은 것도 있다.

남산 아래에 있는 W은행 본점을 방문했을 때다. 만나기로 약속한 팀장님이 부장님께 보고 중이라 혼자서 잠깐 회의실에서 기다리는 중인데 옆방에서 낯익은 목소리가 들려왔다. 그 목소리의 주인공이 누구이고 무슨 얘기를 하는지 금방 알 수 있을 만큼 그 RM의 목소리가 컸다.

미팅 상대인 그 은행 사람들의 목소리는 거의 들리지 않는데 그 RM은 단상 위에서 선거유세를 하는 사람처럼 옆방에 있는 내가 듣기에도 부담스러울 정도의 억양으로 상품을 설명하고 있었다. 내 눈으로 직접 확인은 못했지만 두 주먹을 불끈 쥐고 목에 핏대를 세워가며 얘기하고 있는 듯이 느껴졌다. 더욱이 마음이 편하지 않았던 것은 본인의 은행을 추켜세우기 위하여 경쟁 은행을 평가절하하고 있었다.

시끌벅석한 시장에서 남은 물건을 떨이하고 빨리 집에 가려고 애쓰는 사람의 목소리처럼 느껴졌다. 보기에도 듣기에도 좋은 모습이 아니어서 씁쓸한 생각이 들었다. 나 자신뿐만 아니라 나와 같은 업무를 하는 다른 모든 여성 RM들도 가능하면 품위 있게 마케팅을 하면 좋겠다는 마음이 들었다.

보통 3년 정도를 주기로 국내 은행 분들의 업무가 바뀐다. 때로는 본점에서 지점으로 발령이 나거나 본점의 주요부서에서 해외지점으로 나가기도 한다. 같은 부서 안에서 담당하는 업무는 더 자주 변동이 있기 때문에 내가 만나야 하는 분들도 자주 변화가 생긴다.

이삼 년 업무를 쭉 같이 하다 보면 그분들과 친해지고 마음을 터놓고 얘기하는 경우가 많다. 그런 한 분이 한 여성 RM에 대한 충격적인 이야기를 해줬다. 그들은 그 RM을 '마담'이라고 부른다고 했다. 저녁에 술 마시다가 나오라고 하면 집에 있다가도 튀어나오고 노래방에서는 탬버린도 잘 흔들고 분위기를 너무 잘 맞춰서 자주 어울린다고 했다. 이건 아니다 싶었다. 저녁을 같이 먹고 함께 술 한잔을 할 수는 있지만 고객이 닉네임으로 마담이라고 부를 정도라면 이것은 정도가 지나치다.

내가 생각하는 이상적인 고객과의 관계는 신뢰를 바탕으로

서로 솔직하게 업무 얘기를 할 수 있는 사이다. 물론 개인적인 집안 얘기, 커리어 관련 고민 등 여러 얘기를 터놓고 할 수 있을 정도로 믿는 사이가 되는 것이 바람직하다. 술 마실 때 생각나는 관계가 되면 단기적으로는 영업실적에는 도움이 될 수도 있다. 하지만 지나치다 보면 언젠가 자기가 놓은 덫에 본인이 걸려서 나락으로 떨어질 수 있다.

갑자기 닥친 IMF 경제위기와 미국발 모기지론 사태 등 여러 차례의 금융위기를 경험한 국내 은행의 수장들이 글로벌 은행과의 비즈니스 관계를 꾸준하게 잘 유지하기 위해 여러 행사를 개최하였다. 특히 W은행은 글로벌 은행 RM을 초청하는 등산, 영화 그리고 골프행사를 여러 해 동안 주최하여 글로벌 은행 RM들과 반나절 이상을 함께 보내며 친분을 쌓는 기회를 제공하였다.

나보다 20년은 어린 조카뻘 되는 여성 후배들의 톡톡 튀면서도 예의 바른 모습을 보면 흐뭇하다. 나보다 30년 이상 차이 나는 자라나는 새싹동이들의 개성 있는 예쁜 행동을 보면 기분 좋은 엄마 미소가 지어진다.

맏언니로서 우리 여성 RM들이 더욱 프로페셔널 한 자세로 마케팅을 해주길 바란다. 열정이 지나쳐서 옆방에 있던 나를 놀래킨 큰 목소리의 주인공이었던 그 후배와 예쁨이 돋보여서 고객으로 하여금 지나친 생각을 하게 만든 후배에게 맏언니의 자격으로 내가 생각하는 올바른 여성 RM에 대한 이야기를 해주었다.

글로벌 은행에서 RM으로 활동하는 사람들이 많지 않다 보니 새로운 사람을 뽑아야 할 때 평소에 눈여겨보았던 다른 은행 RM에게 연락을 하기도 해서 많은 RM들이 서로서로 자리를 바꿔가며 일하는 경우가 있다. 자리를 바꿀 때마다 월급과 타이틀을 한 단계씩 올려가는 글로벌 은행만의 독특한 리그가 존재한다. 그 독특한 리그에서 계속 스카우트의 대상이 되고 싶은가? 그렇다면 기본에 충실하고 품위를 지키는 RM이 되자.

정년까지 현장에 있었던 내가 롤 모델이라고 말하는 후배들이여. 그대들이 닮고 싶다는 나는 목표를 향해 무리하지 않으며 한 걸음 한 걸음 걸어왔을 따름이다. 장기전에 맞는 체력을 갖추려고 노력했고 페이스 조절을 잘해서 완주를 한 것이다. 너무 급하게 달리면 혹여 방향감각을 잃을 수 있다. 가고자 하는 목적지까지 남아 있는 거리를 가장 효율적으로 달릴 수 있는 그대들만의 적정 속도를 찾아보라. 그리고 멈추지 말라. 그러면 완주의 기쁨을 누릴 수 있다.*

45
아직 Hangry하다

"Hangry! 이게 뭐지?"

"엄마 행그리 모르세요? 배고파서 화가 나는 걸 행그리라고 해요."

앵그리(Angry)와 헝그리(Hungry)를 합성해서 쓰는 행그리(Hangry). 스펠링을 틀리게 적은 줄 알았다. 누가 만든 신종 합성어인지 나름 재미있다. 그렇지. 배가 고프면 신경이 날카로워지고 화도 나지. 심할 땐 독기까지 뿜는다니깐. 그래서 누구한테 부탁할 일이 있으면 오후 2시 이후에 배가 든든할 때 하라고 하지 않는가. 괜히 눈치도 없이 점심시간 직전에 말 꺼내서 퇴짜 맞지 말고.

1980년대까지만 해도 대부분의 운동선수들은 가정환경이 그리 넉넉하지 않았다. 아시안게임이나 올림픽게임에서 선수가 메달을 따면 인터뷰 내용은 거의 비슷했다. 그 선수가 얼마나 힘들고 어려운 환경에서 피나는 노력의 결과로 메달을 땄는지를 얘기한다. 그럴 때마다 등장하는 단어가 '헝그리 정신'이다. 메달을 따낸 실력도 실력이지만 굶주린 배를 움켜쥐고 오기와 독기로 연습에 연습을 거듭해서 메달을 따낸 선수의 정신자세에 초점을 맞추어 그 선수를 칭찬했다.

어쩌다가 다음 대회에서 성적이 부진하면 이제 배부르고 등따스해지니까 나태해졌다고 선수의 정신상태를 먼저 질책한다. 먹고살 만하니까 더 이상 독기를 뿜지 않는다고 비난을 받은 선수는 얼마 지나지 않아서 은퇴를 선언하고 땀의 현장에서 쓸쓸히 사라지는 경우가 많다.

헝그리 정신의 대명사가 된 '라면소녀'가 있다. 1986년 아시안게임 육상부문에서 3개의 금메달을 목에 건 임춘애 선수는 그 당시에 너무 깡말라서 보기에 가엽고 애처로운 17세의 소녀였다. 우유도 먹을 여유가 없어서 라면만 먹고 뛰었다는 인터뷰 기사를 보고 국민들은 임춘애 선수를 '라면소녀' 그리고 헝그리 정신의 간판스타로 불렀다. 메달을 따서 돈을 벌게 되면 우유, 햄버거 등 먹고 싶은 것을 마음껏 먹고 싶다는 17세의 깡마른 소녀가 가난 속에서 배고픔을 이겨낸 강한 정신자세를 본받으라며 자식들에게 일장 훈계를 하는 부모들도 많았다.

큰 인기와 사랑을 받은 임춘애 선수는 1988년 서울 올림픽 대회의 최종 성화봉송을 하면서 화려하게 등장했지만 막상 대회에서는 부상 때문에 자신의 주 종목에서도 결선에 오르지 못하는 성적을 받으며 쓸쓸하게 운동장을 떠났다. 헝그리 정신의 대명사였던 임춘애 선수가 더 이상 깡마르고 불쌍해 보이지 않는다고, 배가 불렀다느니 이제는 살 만해지니까 죽을힘을 다해서 악착같이 뛰지 않았다면서 아직 스무 살도 안 된 소녀에게 여론은 가혹한 손가락질을 해댔다.

못살던 시절에 우리는 배불리 먹고 내 이름으로 된 집을 사면 성공했다고 생각했다. 착한 우리의 아들딸들은 돈이 없어서 굶고, 체중감량을 위해 굶어가면서 뛰고 또 뛰고 매트에 수만 번을 내다 던져지면서 극한의 고통을 참고 이를 악물고 참아냈다. 부모님께 집을 사드리기 위해서, 동생들 공부를 시키기 위해서, 본인의 결혼자금을 마련하려는 확실한 이유가 있었기 때문이다. 이런 것들이 메달을 향한 동기부여가 되었고 그들이 거둔 성공의 요인이었다.

세계적인 K-Pop 스타 방탄소년단을 프로듀싱한 방시혁 대표가 2019년 2월 서울대학교 졸업식에서 축사를 하면서 본인의 성공요인은 '분노'라고 말했다. "현실에 안주하거나 대충하고 넘기는 최선을 다하지 않는 자세와 부조리한 상황을 향해 분노한다"라고 했다. 그는 "최고가 아닌 차선을 택하는 무사안일에 분노했고, 더 완벽한 콘텐츠를 만들 수 있는데 여러 상황을 핑계로 적당한 선에서 끝내려는 관습과 관행에 화가 나서 그 분노의 원천적인 토양을 바꾸자고 다짐했다"고 한다.

"음악 산업 종사자들이 정당한 평가를 받고 온당한 처우를 받을 수 있도록 하는 것, 그것이 평생을 사랑하고 함께한 음악에 대한 본인의 예의이기도 하고, 팬들과 아티스트들에 대한 존경과 감사이기도 하면서 방시혁 대표 본인 스스로가 행복해지는 유일한 방법이다"라고 했다. 그러한 분노가 앞으로 나아가게 하는 원동력이었고 멈추지 않고 계속 달려왔더니 오늘의 그가 되어 있었다고 한다.

나를 지금까지 달리게 한 것은 무엇이었는가? 나에게 직장이란 어떤 의미였던가? 흔히 말하는 돈을 위해서? 사회적인 지위? 그것이 아니라면 나의 가치를 실현하고 한국 경제 발전에 아주 미약하나마 보탬이 되고 싶다는 희망?

돈은 필요하다. 머릿속에 지출해야 할 목록들이 가득한 상태에서 마음의 여유를 갖기는 어렵다. 돈이 마음의 여유를 갖는데 많은 도움이 된다.

미국 은행에서 특히 영업을 담당하는 사람들은 기본급보다도 실적과 연계되어 있는 '인센티브(incentive)'를 중요하게 생각한다. 인센티브의 사전적 의미는 '어떤 행동을 하도록 사람을 부추기는 자극, 동기부여의 수단'이라고 되어 있다. 딜러들의 경우 실적이 뛰어나면 연말에 백만 불짜리 수표를 받기도 한다. 이런 보상이 인센티브의 일종인 돈으로 받는 성과급이다.

그런 수표는 동기부여의 수단이 되기도 하지만 그 금액의 수표를 받기 위해서 그들이 얼마나 지독한 긴장과 불안, 스트레스를 참고 견디었을지 상상이 간다.

각각의 글로벌 은행마다 내부 규정에 따라 다소간의 차이는 있지만, 대부분 마케팅을 담당하는 직원들의 경우 목표치를 어느 정도 달성하면 보통 기본급의 삼십 퍼센트에서 백 퍼센트까지 성과급을 받는다.

여기에도 많은 변수들이 있기는 하다. 나만 잘한다고 많은 성과급을 받는 것이 아니라 은행 전체의 실적이 좋아야 하고 내가 속한 해외지점 전체, 아시아 전체의 실적 그리고 한국지점의 실적이 모두 좋아야 큰 숫자의 보너스가 우리에게 할당된다. 한국은 실적이 좋은데 중국이 마이너스 실적인 경우 기대에 못 미치는 숫자가 통장에 찍히게 된다. 내가 같은 지역에 있는 동료들이 이뤄낸 좋은 실적의 덕을 볼 때도 있고 내가 동료들에게 도움을 줄 때도 있다.

기본급에 더하여 받는 성과급을 흔히 '보너스(bonus)'라고도 말한다. 연말에 받는 보너스가 나를 힘차게 앞으로 달리게 하기도 했지만, 그것 때문에 매년 주어진 실적을 맞추기 위해서 '숫자의 노예'가 되기도 했다. 과거에 학생들의 인권을 무시한 채 전교생의 석차를 벽에 붙여놓는 학교가 있었듯이 아직도 직원들의 영업성과를 막대그래프로 그려서 벽에 붙여놓는 직장이 있다. 실적이 중요하지만 사람들의 자존심과 맞바꿀 만큼은 아닌데도 말이다.

직장을 다니면서 얻게 되는 사회적인 지위도 중요하다. 명함을 꺼낼 때, 노력하여 얻은 높은 직함으로 불릴 때 당연히 우쭐한 기분이 든다. 하지만 회사를 떠나는 순간 그 명함은 한낱 종잇조각에 불과하다.

30년 이상 직장생활을 하면서 많은 금융권 선배들이 퇴직하는 모습을 지켜봤다. 가끔 그분들을 명동이나 광화문에서 마주칠 때가 있다. 뉴욕지점에 근무하며 맨해튼을 활보하던 본부장도, 런던, 프랑크푸르트에서 퇴근 후 마시던 기네스 흑맥주 맛이 그립다고 얘기하던 부장님도 몇 년이 지나서 만나 보니 그냥 동네 아저씨였다. 아직 현업에 있을 때야 전무님이고 수석부문장님이지만 택시를 타면 나도 아줌마로 불리고, 동네 놀이터에서는 벌써 할머니로도 불린다.

2002년 월드컵 축구 국가대표 감독이었던 히딩크 감독이 16 강으로 진출한 후 "나는 아직 배가 고프다"고 말했다. 16강 진출에 만족해서 희희낙락하는 선수들에게 일침을 가하는 짧고 굵은 메시지였다. 아직 갈 길이 먼데 왜 벌써 만족하느냐는 다그침이었다.

지금 생각해보면 나도 어느 정도는 헝그리 정신으로 36년간의 직장생활을 했다. 부모님께 효도하기 위해서든 가족을 먹여 살리기 위해서든 나를 위해서든 직장은 꼭 다녀야 한다는 생각으로 살았다. 나는 그런 헝그리 정신에 적응이 되어 있다.

내가 좋아서 다닌 직장이고 일하는 보람도 느끼고 그만한 성과도 이미 이뤄냈지만 나는 아직 배가 고프다. 돈과 사회적인 지위에 대한 배고픔보다 나 자신이 느끼는 삶의 가치와 성취에 대한 배고픔이 느껴진다. 내가 행복해지는 것에 대한 갈망이 있다. 나는 언제 행복을 느끼는지를 생각해보았다.

내가 진정으로 행복을 느끼는 일을 하고 싶다. 그 일이 나하고 어울리고 아니고를 따지지 말고 하고 싶으면 그냥 하련다. 내가 하고 싶은 그 일이 이제까지 미국 은행 임원으로 생활해온 나의 전력과 비교해서 어울리지 않는다고 해도, 내가 이 세상에서 가장 소중하게 생각하는 우리 아들들을 조금은 창피하게 만든다고 해도 도전해 보리라.

내가 어떤 일을 할 때 진정으로 행복하다는 마음이 든다면 그 일을 해야 할 이유로 충분하지 않는가. 가슴이 벅차오른다.
내가 가고 싶은 새로운 길을 향해 우향우! 앞으로 가! *

46
우선순위를 정할 때다

"날아오는 모든 공에 스윙 할 필요는 없다. 홈런이나 장타를 칠 수 있는 정말 좋은 공이 들어올 때까지 기다려도 된다. 왜냐하면 투자에서는 스트라이크 아웃이 없기 때문이다. 문제는 자산관리를 하고 있을 때 관중들이 스윙을 하라고 소리를 지를 때 잘 억제해야 한다."

워런 버핏의 말이다. 타자는 투수가 던져주는 공들 중에 자기가 잘 칠 수 있는 좋은 공을 선택해서 온 힘을 집중해 방망이를 휘둘러야 장타를 칠 수 있고 홈런을 만들어 낼 수 있다.

선택이란 많은 것들 중에 하나 혹은 소수를 택하는 것이다. 살아가면서 모든 것을 다 알 수 없을 뿐만 아니라 다 할 수도 없다. 그래서 자신이 꼭 필요한 것, 원하는 것을 선택하는 것이 중요하다. 선택하는 목적은 자신이 선택한 것에 집중하기 위함이다. 선택한 것에 집중하면 잘 할 수 있고 그 분야에서 전문가가 될 확률이 높다.

워런 버핏과 그의 전용기를 10년간 몰았던 조종사 마이클 플린트가 나눈 대화 내용을 보면 버핏이 어떻게 목표를 선정하고 관리하며 성공에 이를 수 있었는지 비결을 알 수 있다. 버핏은 어떻게 하면 인생에서 성공에 이를 수 있는지를 묻는 플린트의 질문에 가까운 미래, 혹은 일생 동안 이루고 싶은 목표 25가지를 목록으로 작성하라고 한다.

현재의 삶과 크게 관련이 없더라도 목표들을 머릿속에 떠오르는 대로 쭉 적어보라고 했다. 목록 작성이 끝나자 버핏은 목록을 찬찬히 보면서 플린트에게 중요하게 생각되는 5개 목표에 동그라미를 치라고 시킨다. 그리고 플린트에게 묻는다. 나머지 20개 목표는 어떻게 하겠냐고. 플린트는 우선적으로 동그라미를 친 5개 목표에 집중하겠지만 틈나는 대로 20개 목표도 도전해보겠다고 한다. 버핏은 단호하게 말한다.

"NO! 20개 목표는 거들떠보지 마라. 5개 목표를 실천하기 위한 계획만 세워라. 5개 목표에만 집중하라!"

버핏의 목표 관리법이 얘기하는 것은 우리의 모든 행동에는 비용이 따르기 때문에 진정한 성공을 이루려면 가장 중요한 것들만 남기고 다른 부수적인 목표들은 버리라는 것이다.

버크셔해서웨이의 최고 경영자이자 회장인 워런 버핏은 웰스파고은행의 단일 최대주주다. 그는 인터뷰를 할 때마다 웰스파고은행의 강점을 이렇게 얘기한다.

"웰스파고은행이 잘되는 이유는 다른 은행이 모두 하는 것을 안 하기 때문이다."

웰스파고은행은 다른 많은 은행들이 단기적인 고수익 상품에 열심일 때 그 쏠림 현상에 휘둘리지 않고 뚝심 있게 자기 색깔을 유지해왔다. 이런 점들이 워런 버핏이 강조하는 '선택과 집중'이다. 현재 웰스파고은행 서울지점에서 취급하는 상품들은 미국 은행으로서 국내 은행보다 잘할 수 있는 미국달러화 송금 결제 업무들이다. 그렇기 때문에 국내 은행과 경쟁 관계에 있지 않고 국내 은행들과 파트너 관계로 서로 win-win 할 수 있는 것이다.

나는 무엇을 하고 싶은가? 나는 무엇을 잘하는가? 나는 무엇을 할 때 행복하다는 생각이 드는가? 나는 무엇을 할 때 살아 있음을 느끼는가? 여러 가지 선택지 중에서 어떠한 것들을 택하고 집중하는 것이 효과적이라는 말인가?

인생의 후반전을 시작하면서 25가지 목록을 써보았다. 전제조건은 남의 눈치를 보지 않고 선택하기, 내 나이를 고려하지 않기, 경제적인 문제는 일단 염두에 두지 않기, 잘할 수 있을까 대신 오롯이 내가 하고 싶은 것인지를 묻고 또 물어가며 25 가지를 적어내려 갔다.

뜻밖의 것들도 나왔다. 그 목록들을 보고 내가 먼저 놀랐다. 이제까지 내가 나한테 무심했었구나. 나를 너무 들여다보지 않았었구나. 많이 참고 있었구나. 이제야 나를 찾은 것 같고 이제라도 나를 만나게 되어 다행이라는 생각도 들었다.

이제 우선순위를 정할 차례다. 급하게 서두르지는 않으려고 한다. 5가지를 선택하는 것이 쉽지 않다는 것을 알기 때문에 나에게 시간을 주려고 한다. 시행착오를 겪지 않기 위해 조금 천천히 정하려고 한다. 이미 인생의 후반전이 시작되었다. 연장전은 스포츠경기에만 있을 뿐 인생에서 연장전이란 없다. 아직 시간이 많이 남아 있다고 생각하면 안 된다. 인생의 후반전에 집중하자. 날아오는 모든 공에 방망이를 휘두를 필요는 없다.

워런 버핏이 웰스파고 주주총회에서 경영진에게 2가지를 당부했다. 첫 번째, 여러분들은 주주들에게 수익을 가져다주어야 한다. 두 번째, 내가 말한 첫 번째를 항상 기억해야 한다.

워런 버핏보다 한 가지를 더하여 나에게 3가지를 말하고 싶다. 첫 번째 나 자신을 사랑하자. 두 번째 나 자신을 소중하게 사랑하자. 세 번째, 앞서 말한 두 가지를 항상 실행하자.*

47

아이들의 귀여운 보디가드

"상추 있어요? 아뇨, 적상추 말고요. 초록색 상추요. 청상추요."

퇴근길에 시장의 채소가게를 돌아다니면서 초록색의 청상추를 구해야 했다. 우리가 흔하게 먹는 꽃상추나 적상추는 쉽게 살 수가 있는데 이구아나가 먹는 청상추는 구하기가 쉽지 않았다.

큰아들이 초등학교 6학년이고 작은아들이 초등학교 2학년으로 막 올라갈 무렵이었다. 집안일을 도와주시던 고모할머니가 개인 사정이 생겨서 더 이상 우리 집에 못 오게 되었다.

아이들이 이만큼 클 때까지 많은 분의 도움을 받았다. 친정 엄마의 친구 분이 처음 오셨을 때 '이모할머니'라고 불렀다. 그분이 4년 동안 아이들을 돌봐주었고 집안일도 도와주어서 편하게 직장을 다닐 수가 있었다. 무엇보다도 믿고 맡길 수 있어서 좋았는데 본인 아들 일을 도와야 한다고 그만두셨다. 그 다음은 친정엄마 교회 구역식구 중에 한 분이 오셨다. 40대 젊은 분이라서 '이모'라고 불렀다. 그 다음은 고모할머니가 계속 도와주었는데 이렇게 갑자기 그만두시게 되었다.

가족회의를 했다. 다른 분을 구할지 아니면 이제부터는 우리끼리 살아갈 건지. 아들 둘과 남편을 포함한 세 남자가 자신 있게 자기네들이 다 할 수 있다고 큰소리를 쳤다. 내 일만 많아질 것이 뻔했지만 다수결의 원칙에 따라 누구의 도움도 받지 않고 우리 식구 넷이서 살아보기로 했다.

누구의 도움도 안 받고 우리끼리 살아보기로 하면서 급하게 세 가지를 준비했다.

일단 첫 번째로 현관문의 잠금장치를 열쇠에서 버튼식으로 바꿨다. 아이들이 열쇠를 잃어버리지 않고 잘 챙기기도 어려울 듯해서 즉시 도어락을 버튼식으로 바꿔 달고 아이들이 비밀번호를 정하도록 했다.

두 번째로 방과 후에 집에 있을 때 볼 수 있도록 케이블 TV를 신청했다. 둘째 아들이 집에 먼저 와서 형이 올 때까지는 혼자 있어야 하기 때문에 뭔가 놀거리가 필요했다. TV를 많이 보는 것을 염려하기보다는 아이가 혼자 멍하니 있으면서 무섭다거나 외롭다고 느끼지 않게 하고 싶었다.

셋째로 집에 왔을 때 아이들을 반겨주는 뭔가가 있으면 좋겠다는 생각에 강아지를 키우기로 했다. 며칠 후에 남편이 시츄 한 마리를 데려왔는데 그 강아지는 오면서 살림살이까지 한 짐을 갖고 왔고 거기에는 약봉지까지 들어 있었다. 장이 안 좋은 강아지가 우리 집에 온 것이다. 혀를 가운데로 똑바로 내밀지 못하는 친구였다. 혀가 한쪽으로 쏠려 있었다. 어째 '메롱' 하고 놀리는 것 같아서 '메롱이'라고 이름을 지어줬다.

퇴근하고 현관문을 열면 메롱이가 나를 반겨주기 전에 메롱이의 오줌 냄새가 먼저 내 코를 찔렀다. 아이들이 치운다고 치워도 냄새가 얼마나 지독한지 퇴근하면서부터 집안일거리가 쌓이고 쌓였다. 시츄는 똑똑하지만 털이 너무 많이 빠졌다. 소파와 식탁 밑에 털이 한 줌씩 돌아다녀서 주중에는 자주 안 하던 청소기를 매일매일 밀어야 했다.

안 하던 집안일에 메롱이 수발까지 들어야 하는 것이 너무 힘이 들었다. 메롱이의 털 뭉치와 오줌 냄새를 어떻게 해결할지 결정하기 위해 임시 가족회의를 소집했고, 메롱이를 받아서 키워주실 좋은 분을 찾아서 큰 혼수품과 함께 메롱이를 시집보내기로 했다. 그 대신 이번에는 냄새도 안 나고 털도 덜 빠진다는 토끼를 키우기로 했다.

온 가족이 동대문 근처 어딘가 토끼를 파는 가게로 출동했다. 아이들이 각자 마음에 드는 토끼를 골랐다. 하얗고 예쁜 토끼를 한 마리씩 가슴에 안고서 큰아들은 '흰눈이', 작은 아들은 '흰돌이'라고 이름을 지었다. 한 마리에 5천 원씩이었다. 토끼집도 사고 필요한 살림살이를 한 가득 사서 싣고 왔다.

아이들이 흰눈이와 흰돌이 먹이도 챙겨주면서 며칠이 잘 지났는데 은행에 있는 나에게 아이들이 급한 목소리로 전화를 했다. 토끼들한테 이상한 구멍이 났다며 큰일이 났다고 했다. 집에 와서 보니 토끼 등쪽 일부의 털이 원형 탈모처럼 동그랗게 빠져 있었다. 집 앞 동물병원에 데려갔다. 피부병인 것 같기는 한데 정확한 치료를 위해서는 조직 검사를 해야 한단다. 헉, 비용이 2만 8천 원이다. 일주일 전에 5천 원을 주고 사왔는데. 아이들은 검사를 해야 한다고 우기고 나는 그냥 피부에 바를 연고를 사 갖고 가자고 실랑이를 하다가 결국 아이들이 원하는 대로 조직 검사를 하고 연고를 받아서 왔다. 흰눈이와 흰돌이의 원형 탈모는 금방 나아졌지만 5천 원에 사 온 그 녀석들한테 그 이후에도 꽤나 돈이 들어갔다.

그 다음에 키우게 된 것이 이구아나와 앵무새였다. 큰아들이 이구아나를 선택했고 작은아들은 앵무새를 키우고 싶다고 했다.

앵무새를 집 안에서 키우기 위해서는 크게 날아가지 못하도록 꽁지를 조금 잘라야 한다고 가게 아저씨가 말했는데 작은아들은 앵무새가 아프면 안 된다고 꽁지를 못 자르게 막아섰다. 평소에 군인을 좋아하던 작은아들은 앵무새가 군인처럼 멋지고 잘생겼다고 '솔져'라는 이름을 지어주었다.

이구아나는 싱싱한 청상추만 먹었다. 우리 아이들을 먹이기 위한 상추가 아닌 이구아나를 먹일 신선한 초록색 상추를 사기 위해서 퇴근길마다 내가 채소가게를 전전하는 것을 보고 친정엄마는 혀를 찼다.

케이지를 탈출해서 천장 위에 딱 붙은 이구아나를 잡으러 사다리를 빌려와야 했고, 앵무새에게 말을 가르치기 위해 똑같은 말을 수도 없이 반복해야 했다.

"선배님, 아이들은 누가 키워주셨어요? 일과 가정을 병행하면서 어려움은 없으셨나요?"

많이 듣는 질문이다. 왜 어려움이 없었겠는가? 시부모님과 친정엄마는 항상 대기조였다. 어떤 급한 일이 생기면 바로 출동할 준비를 하고 계셨다. 가능하면 어른들께 연락을 드리지 않으려고 했지만 어쩔 수 없이 몇 번은 긴급출동을 하셨던 기억이 있다.

토토가 7년 전에 우리 집에 왔다. 요즘은 색이 조금 변해서 회색빛이 도는데 처음 우리 집에 올 때는 흙색과 갈색이 섞인

애기 푸들이었다. 토토는 둘째 아들이 사춘기 시기에 힘들어할 때 우리 가족에게 위로가 되어줄 구원투수로 발탁되어 온 새 식구였다.

눈치는 백 단이고 의리로 말할 것 같으면 김보성의 의리는 저리 가라다. 가족 중에 누가 서열이 높은지는 관심이 없다. 누가 제일 우울한지, 누가 '곁'이 필요한지에 따라 자기 몸을 딱 붙이고 기대어 눕는다. 누가 위로가 필요하다고 느껴지면 열과 성을 다해 손과 얼굴뿐 아니라 어디든 사랑으로 열심히 핥아준다. 충성심이 대단하다. 그럴 때 토토의 눈을 들여다보면 '외로워하지 마세요. 너무 속상해하지 말아요. 당신 마음을 이해해요'라고 말하는 듯하다.

수취인이 '토토'라고 적힌 편지가 왔다. 군대에 있는 큰아들이 토토한테 보낸 하얀 편지지에는 '탐스러운 뼈다귀 그림'이 있었다. 작은아들은 미국으로 유학을 가면서 토토 사진을 잔뜩 챙겨가서 벽에 붙여놓고 매일 보고 있다.

토토가 있어서 집에 손님을 초대하기도 어렵고 여러 날 집을 비울 수도 없어서 불편할 때가 많다. 하지만 우리 아들들이 자기들 가정을 꾸리면서 나의 곁을 떠나도 토토는 앞으로 10년간은 내 옆에 더 있을 것이다. 내가 6춘기와 7춘기를 잘 극복할 수 있도록 계속 내 곁에 있을 것이라고 생각하니 토토가 더 귀하게 여겨진다. 바쁘지만 하루에 한 번은 꼭 산책을 시켜야지. 건강하게 나하고 오래오래 살아야 하니까.

워킹맘으로 내가 직장에서 많은 시간을 보내는 동안 때로는 장난감이 되어 우리 아들들의 짓궂은 장난을 받아주고, 엄마가 없는 빈집으로 들어오는 아들들을 꼬리를 흔들며 뛰어나와서 반겨주는 친구의 역할도 하고, 우산이 없어서 비를 맞고 학교에서 돌아와 침대 위에 웅크리고 잠이 든 아이들 옆에서 따뜻하게 자기의 '곁'을 내준 그 친구들이 생각난다.

우리 아들들이 성장하는 데 정서적으로 많은 도움이 되었고 우리 아들들 옆에서 든든한 보디가드가 되어준 친구들아! 정말 고맙다. *

48
너도 그럴 권리가 있어

푸들을 입양했다. 흙 토(土)자를 겹쳐서 '토토'라고 이름을
지었다. 이름을 짓고 난 후 어디선가 많이 들어본 이름이라고
생각했더니 영화 〈시네마천국〉의 주인공 이름과 같았다. 우리
집 토토와 시네마천국의 토토가 많이 닮았다. 그 말은 우리 토
토가 '영화배우처럼 잘생겼다'는 말이다.

토토는 우리를 좀 깨문다. 토토에게 물려서 식구들 손가락
발가락에 밴드가 붙여져 있는 경우가 있다. 집에서 기르는 강
아지한테 물린 상처라고 하면 사람들은 "주인을 무는 강아지
가 어디 있느냐, 그걸 훈련을 시켜야지 그렇게 물리고 있느냐"
하면서 토토를 키우는 우리가 잘못하고 있다고 걱정 반 꾸중
반이다.

어느 날 거실에서 둘째 아들이 토토한테 하는 말을 들었다.

"토토야, 네가 싫으면 만지지 말라고 물어도 괜찮아. 싫은데

참고 있지 마. 너도 그럴 권리가 있어."

내가 토토한테 물렸다고 하면 둘째 아들은 "엄마, 토토 어디 만졌어요? 엉덩이 쪽은 만지면 안 되는 거예요. 토토가 싫어하는 것 같으면 얼른 손을 떼세요" 하며 언제나 토토 편이다. 강아지도 혼자 있고 싶을 때가 있고 기분이 안 좋을 때도 있는데, 아무리 사람들이 예뻐서 만지더라도 싫을 때는 싫은 거라고 의사표시를 하기 위해서 으르렁거리며 무는 거니까 사람들이 조심해야 한다고 한다.

"싫은데 참고 있지 마. 싫다고 말해. 너도 그럴 권리가 있어!"

나는 싫으면 싫다고 말하면서 살았던가? 토토도 그럴 권리가 있다는데, 나는?

담당 주치의가 아직 도착을 안 했다고 계속 참으란다. 이제 그만 세상에 나오려고 하는 아기를 나오지 못하도록 옆으로 누워서 웅크리고 있는 고통이 너무 심했다. 뒤늦게 도착한 담당 주치의를 보자마자 거의 정신을 잃었던 것 같다. 기억이 안 난다. 어떻게 아이를 낳았는지. "아들입니다" 하는 소리에 정신이 들었다. 안심이 되면서 눈물이 흘렀다. 아들이어서 다행이다.

남아선호사상 때문이 아니다. 아들을 원한 것이 아니라 딸을 낳기 싫었다. 딸이 엄마를 위해 애쓰는 힘든 마음을 알기에 싫었다. 내 딸이 나한테 잘하기 위해서 없는 시간을 쪼개며 동동거릴까 봐 딸을 낳기가 싫었다. 엄마인 내가 딸이 바쁜 걸 알고 다 이해를 하는데도 착한 딸은 괜히 미안해하고 마음 아파하는 그런 상황을 아예 처음부터 만들고 싶지 않았다. 그래서 딸을 낳기 싫었다.

아들과 엄마의 관계는 생각해보지 않았다. 대개 아들들은 무뚝뚝해서 엄마하고 얘기도 잘 하지 않는다는 얘기를 들은 정도였다. 그게 낫다고 생각했다. 나는 나의 아이들이 나한테 마음을 써야 한다는 부담을 갖는 것도 싫고, 나의 아이들이 나한테 마음을 쓰느라 조금이라도 불편해지는 것도 싫었다. 선천적으로 아들은 딸보다 덜 자상하고, 엄마의 기분에 조금은 무신경한 것이 다행이라고 생각했다. 나는 왜 이렇게 생각하게 되었을까? 언제부터?

영화배우 봉태규의 책 《우리 가족은 꽤나 진지합니다》에서 다음과 같은 글을 읽었다.

"아무리 부모여도 자식이 다 희생할 필요는 없어, 심봉사 옆에는 뺑덕어멈도 있잖아. 책임은 뺑덕어멈과 심봉사가 져야 해. 어른이 되었는데도 자신의 처지만 비관하거나 책임을 회피하는 건 옳지 않아. 아빠가 나이 들어 이런 못난이가 되어 있으면 따끔한 충고를 하든지 외면해 줘. 아빠가 스스로 일어날 수 있도록 적당한 거리를 유지해 줘. 서운해하지 않을게. 부모 자식 사이라고 해도 서로를 위해 희생하는 건 바보 같은 짓이야. 심청이처럼 물에 빠지지 말고 너의 행복을 찾아서 떠났으면 좋겠어. 아빠의 행복을 위해서 절대 널 희생시키면 안돼. 네가 행복해야 아빠도 행복해. 알았지?"

부모한테 잘해야 한다는 '효 사상'을 부정하는 것이 아니다. 하지만 할 수만 있다면 자식이 마음의 부담을 떨치고 부모로부터 한두 걸음 떨어져 그들의 삶을 살도록 부모가 씩씩하면 좋겠다. 자식 또한 부모로부터 몸과 마음 모두 독립을 해서 자기가 원하는 삶을 사는 것이 부모들이 진정으로 원하는 것이라는 것을 알았으면 좋겠다.

우리 아들 둘 다 꽤나 자상하다. 엄마 기분도 잘 맞추고 마주 앉아 이야기도 잘한다. 엄마한테 관심도 아직 많다. 우리는 함께 한잔을 자주 한다. 나이가 들어가면서 요즘 들어 그런 시간이 은근히 기다려지기까지 한다. 이렇게 나를 챙겨주고 나하고 놀아주는 아들이 고맙고 좋다. 이러면 안 되는데. 아이들에게 의지하지 않고 살려는 내 마음이 변하지 않아야 할 텐데.

〈시네마천국〉에서 토토의 친구이자 정신적 조력자인 알프레도가 토토에게 말한다.

"인생은 네가 본 영화와는 달라. 인생이 훨씬 힘들지. 그래서 인생을 우습게 보아서는 안 되는 거야."

사는 거 쉽지 않다. 잘 사는 거 더더욱 쉽지 않다. 딸로서 엄마로서 열심을 다해 그들을 보살핀 내가 보상을 받을 나의 권리는 어디 있지? 나이가 들수록 내뱉은 말에 책임지고 약속을 지키며 살겠다고 마음을 굳게 먹었던 나를 꽉 붙잡고 있어야겠다. 그런데 내 권리는? *

49
Have a good sleep!

"나에게 지독한 운이 따랐구나. 1972년에 우리 부모님 자식으로 태어난 것, 엄마가 억지로 피아노를 치게 한 것, 일곱 살 때 미국에서 억지로 공부하게 되어 2년 반 동안 영어를 배운 것, 공부를 할 수 있는 영리한 머리와 집중력을 갖고 태어난 것."

성공의 비결을 묻는 질문에 JYP 박진영은 "자기에게는 운이 지독하게 따랐다"고 말했다.

박진영은 자기관리에 철저한 연예인으로 유명하다. 인터뷰 기사에 따르면 그는 주어진 하루 24시간을 철저하게 계획적으로 사용한다. 아침에 눈을 뜨면서 일본어 문장을 암기한다. 딸아이와 강아지와 30분가량 놀고 비타민, 유산균, 올리브 오일 그리고 약간의 견과류가 포함된 절제된 아침을 15분간 먹는다. 30분간 체조 그리고 30분간 발성연습 그 후 2시간 운동을 한다.

12시 반에 점심식사 후 1시 반부터 회사 업무를 본다. 미팅은 30분 단위로 핵심적인 사항을 체크하고 되도록 빨리 결론을 내린다. 중간에 일본어 레슨을 받고 소속가수와 춤과 노래를 연습하고 작곡도 한다.

저녁 6시부터 또 운동과 모임을 하고 10시 전에 귀가한다. 자기 전까지 아이와 놀기, 강아지와 놀기, 이메일 확인하기 그리고 TV 시청하기. 이 같은 규칙적인 일과를 20년 가까이 유지하고 있다고 한다.

매일 발성연습을 하는 이유에 대해서 "이렇게 하면 제가 노래를 조금씩 잘하게 돼요"라고 말한다. 조금만 게을리하면 바로 노래를 못 하고 바로 춤을 못 추게 된다는 것이, 지나치리만큼 운동하고 식단을 절제하는 이유다. 그는 일상의 자유를 포기하는 대신 무대에서의 자유를 선택했다. 지금 이 순간은 인내하고 나를 위해 투자할 시간이라는 생각과 실천이 오늘의 JYP 박진영을 만들었다.

KYC(Know Your Customer 고객확인제도), AML(Anti Money Laundering 돈세탁 방지)과 같은 업무를 담당하는 준법 감시인(Compliance Officer)이 금융가에서는 현재 매우 핫한 포지션이다. 취직이 어렵다고 하는 요즘에도 준법감시업무 경력이 있는 사람은 금융기관뿐만 아니라 웬만한 대기업에서도 모셔갈 준비가 되어 있다. 언제든지 더 크고 조건이 좋은 직장으로 이직이 가능하다.

준법 업무의 달인을 만났다. 정 팀장은 돈세탁 방지업무라는 한 우물만 팠다. 갖고 다니는 노트에는 각종 규정과 데이터들이 깨알같이 적혀 있다. 규정이 바뀔 때마다 발표 자료를 붙여놓아 노트의 두께가 속이 꽉 찬 더블 샌드위치처럼 두툼하다. 그는 '걸어 다니는 돈세탁 방지 규정집'이다. 질문하는 즉시로 대답이 나오는, 준법에 관한 나의 스승이다.

은행을 다니며 석사를 마쳤고 금융연수원에서 은행원을 대상으로 강의를 한다. 금융분석원에서 관련규정을 만들거나 개정할 때 위원으로 참여하고 신문에도 칼럼을 쓴다. 외환담당 수사요원들, 핀테크 업체 등 외환을 취급하는 사람들과 단체들로부터 돈세탁 방지법에 관한 교육요청이 쇄도하여 은행에서 외부강의를 허용하는 범위 내에서 강의를 다니고 있다. 끊임없이 노력하고 달리다 보니 어느덧 최고가 되어 있는 달인의 얼굴에는 항상 여유가 넘친다.

수요가 급증하면 몸값은 자연스레 올라간다. 정 팀장은 은행을 퇴직한 후에도 자기가 집중적으로 시간과 열정을 투자한 노력의 대가를 달게 수확하게 될 것이다. 자기관리를 성공적으로 하고 있는 정 팀장을 칭찬한다. 그 열정적인 모습이 멋있고 존경스럽다.

내가 존경하는 또 다른 한 분이 있다. 고뇌하는 철학자의 방이란 뜻의 '고철방'이라는 이름을 아들이 지어주었다고 한다. 10년 전 어느 날 아침에 일어났는데 몸이 안 움직였다. 스트레스에 술과 줄담배에 찌들어 살았던 강 부장에게 술을 더 먹으면 죽는다는 신호를 몸이 보낸 것이다.

그가 하는 일은 예금이나 대출과 같은 통상적 은행 업무가 아니다. 달러나 파생 상품을 거래하고 채권을 발행하고 외화를 끌어오는 일을 한다. 연간 운용하는 채권의 규모가 7조 원이란다. 영업실적은 하루 단위로 행장에게 보고된다. 그렇게 일하던 그가, 살기 위해서 철학 공부를 시작했다.

그는 평일은 새벽 4시 30분쯤 일어나 출근 전 1시간 책을 봤고, 출퇴근 지하철과 버스에서 3시간 그리고 퇴근 뒤 2시간가량 책 속에 파묻혀 지냈다. 5년 동안 주말 이틀은 새벽부터 자정까지 공부했다. 아들이 '고철방'이라고 써붙여 놓은 서재에 들어가 미친 듯 맹렬하게 공부했다. 지하철에서는 포스트잇에 메모하며 책을 읽고 운전할 때는 생각나는 게 있으면 메모하려고 녹음기를 틀어놓는다.

"왜 이런 고행을 하시나요?"

"철학 공부가 너무 좋아서죠."

그는 '함께 공부하기' 전도사다. 만날 때마다 책 읽기의 즐거움에 대하여 이야기한다. 옆 사람에게 긍정적인 도전의식을 불러일으킨다. 벌써 여러 권의 책을 출간했다. 최근에 출간한 책은 벽돌처럼 두껍다. 900페이지다. 일반 아마추어의 책이 아니다.

나는 강 부장을 만날 때마다 인간 능력에는 한계가 없다는 생각이 들었다. 자기에게 다가온 적색경고를 겸허하게 받아들이고 건설적인 방법으로 풀어나간 그 의지에 경의를 보낸다. 낮에는 돈을 만지는 자본시장의 책임자로서 치열하게 전쟁을 치르고 퇴근 후에는 고철방에 들어앉아 심오한 철학의 세계에 몸을 맡기고 자기 자신을 멋지게 발전시켜 나가는 모습에 박수를 보낸다.

JPY 박진영이 한 말 중에 나를 독려하는 말이 있다.

"삶에서 가장 중요한 것은 자기 자신이 맘에 들어야 하는 것이다."

"일찍 출발한다고 반드시 이기는 것이 아니며, 늦게 출발한다고 반드시 지는 것도 아니다."

나는 내 마음에 드는가? 나 나름대로 쉬지 않고 열심히 앞으로 달리며 살아왔지만 그렇게 달려온 삶이 충분히 마음에 들지는 않는다. 다시 출발하자. 내가 좋아하는 일에 몰입되어 시간

가는 줄 몰랐으면 좋겠다. 허리를 펴면서 "어머, 벌써 시간이 이렇게?" 하는 일을 하면서 살자.

언제 잠자리에 들어도 되는가. 오늘 하루 최선을 다해서 살 았다면 편안히 주무셔도 된다.＊

Chapter.8

Safe trip back!

"서울로 퇴근하다"

"몇 월 며칠 토요일 저녁 6시, 제 방으로 초대합니다."

"초대해주셔서 고맙습니다. 방을 아담하게 멋지게 꾸미셨군요. 책상 위에 액자도 놓으셨네요."

"어머, 뭘 이렇게 많이 차리셨어요. 축하합니다. 방 독립하신 걸!"

그 다음 주 토요일 6시.

"똑똑똑. 안녕하세요."

"네. 안녕하세요."

"누구 씨 방인가요?"

"치. 벌써 들어왔으면서."

"초대해주셔서 고맙습니다."

"빨리 앉으세요."

"어머, 먹을 게 산더미네요. 잘 먹겠습니다. 축하합니다. 방 독립하신 걸!"

첫째 아들과 둘째 아들은 4살 반 차이다. 첫째가 1992년 3월생이고 둘째가 1996년 10월생이다.

둘째가 초등학교에 들어갈 때까지 두 아들이 이층 침대를 놓고 한방에서 함께 생활했다. 그러다가 둘째가 초등학교에 들어가면서 각자 방을 쓰기로 했다. 새로 싱글 침대를 사주고 각자의 취향대로 방을 꾸미라고 했고 그리고 엄마와 아빠를 초대하는 '방들이'를 하라고 했다.

아빠는 두 아들에게 똑같이 방문 위에 이름을 만들어 붙일 수 있는 실버 색깔의 알파벳 조각스티커를 방들이 선물로 준비했다. 나는 첫째 아들에게는 사진 액자를, 둘째 아들에게는 예쁜 탁상시계를 선물했다.

자기가 주인이 되어 엄마 아빠와 동생 그리고 형님을 초대하는 행사를 준비하는 두 아들은 며칠간 아주 분주한 시간을 보냈다. 하얀 종이에 날짜, 시간 그리고 장소를 적고 그 아래에 '방들이에 초대합니다'라고 적었다. 누구의 초대장이었는지 기억은 안 나는데 초대장 위에 꽃도 그려져 있었던 것 같다.

큰아들은 떡볶이, 순대 그리고 어묵을 사놓았다. 네 명이 바닥에 둘러앉아 방 독립을 축하하면서 재미있는 시간을 가졌다. 엄마 아빠가 아들한테 처음으로 대접을 톡톡히 받은 날이었다. 아들이 벌써 다 큰 것 같았고 기분이 괜찮았다.

다음 주 작은아들의 방을 찾았다. 깔끔하게 정리를 잘 해놓았다. 침대도 잘 정리되어 있고 벽 위에 예쁜 그림도 오려 붙여 놓았다. 둘째 아들은 형님으로부터 독립하여 자기 혼자서 방을 사용하게 된 것이 엄청 좋았나 보다. 연신 싱글벙글이다. 짐작하건대, 형님과 함께 방을 쓰면서 스트레스를 많이 받았던 모양이다. 우리 둘째는 꼬깔콘, 쿠크다스에 맛동산까지 그리고 오렌지 주스도 한 병 준비를 해놓았다.

"맛있게 잘 먹겠습니다. 이제부터 혼자서 방을 사용하게 되신 것을 축하합니다. 앞으로 형님 눈치 보지 말고 하고 싶은 대로 마음껏 다 하세요."

방들이가 누구의 아이디어였는지 정확하게 기억은 나지 않는다. 아빠였는지 아니면 나의 아이디어였는지. 두 아들이 각자의 방으로 우리를 초대하고 맛있는 먹을 것을 준비해서 함께 바닥에 둘러앉아 먹던 그날의 방들이는 우리 가족이 모두 즐거운 추억으로 기억하는 멋진 이벤트였다.

직장 내에서 '사수와 조수'의 관계라고 하면 이해가 쉽지만 나는 그냥 '짝'이라고 말하고 싶다. 마케팅을 담당하는 시니어 RM이 두 명이고 아직 경력이 많지 않은 주니어 RM이 두 명이 있어서 시니어 RM과 주니어 RM을 한 팀으로 구성해서 함께 마케팅을 하기로 했다.

시니어 RM은 고객 중에서 팀장급 이상을 담당하고 주니어 RM은 팀장급 아래의 고객을 주로 만나기로 했다. 외부로 나가는 모든 이메일과 리포트는 시니어가 책임을 지고, 관련된 자료를 찾거나 부수적인 업무는 주니어가 담당하는 체제였다. 실적에 대한 모든 책임은 시니어 RM이 지는 대신 주니어 RM에 대한 업무평가는 시니어가 했다.

주니어 RM이 업무에 필요한 관련 자료와 어린 고객들과 관련된 일을 다 커버해주니 시니어 RM은 굵직굵직한 일에 집중해서 일을 처리할 수 있고, 주니어 RM은 실적에 대한 부담감 없이 시니어 RM으로부터 많은 지식과 경험을 배울 수 있는 좋은 시스템이었다.

그렇게 몇 년이 지난 후 주니어 RM들이 어느 정도 경험을 쌓았다고 생각이 들었을 때 주니어 RM들을 독립시켜 단독으로 고객을 담당하게 하였다. 그때 그들의 표정이란, 흥분과 기대가 온 얼굴에 가득했다. 자기만의 전략과 판단으로 고객을 만나는 마케팅을 하고 싶었구나. '혼자서도 잘해요' 하는 마음으로 오늘을 기다리고 있었구나. 그들은 실적에 대한 부담이 있기는 하지만 혼자 도전하면서 갖게 되는 긴장된 설렘이 더 좋다고 했다.

글로벌 은행의 정년퇴직은 은행들마다 제각기 다르다. 만 60세, 62세, 65세 등으로 다르게 정해져 있고 심지어는 정년이 정해져 있지 않은 은행도 있다. 현재 내가 다니고 있는 은행에서 정해놓은 정년은 만 60세 되는 해에 자기 생일 달 말일까지다. 이렇게 정해져 있으니 나는 내가 은행에 출근할 수 있는 날이 앞으로 며칠이 남아 있는지를 알 수 있고 그것에 맞춰서 퇴직 후 인생 후반전을 계획할 수 있다.

국내 은행의 경우 임금피크제도와 실적 부진에 따른 퇴직 종용과 같은 분위기가 아직까지 어느 정도는 남아 있다고 한다. 그러나 글로벌 은행은 내부 규정을 위반하는 문제를 일으키지 않는 한 대부분 정년이 보장된다.

정년퇴직을 하고 나면 나는 독립이다. 혼자서 방을 사용하게 되어 방들이를 하던 우리 아들들이 맛보았던 독립의 기쁨과, 명실상부한 RM이 되어 오롯이 혼자서 고객을 담당하게 되었을 때 후배 RM들의 얼굴에서 보였던 기대감과 설렘이 지금 나도 느껴진다.

퇴직이란, 월급이라는 대가로 나의 시간을 가져갔던 직장으로부터 자유로워지는 것이다. 조직이라는 울타리 밖으로 힘차게 나서는 거다. 조직 안에 있어서 좋은 것도 많았고 여럿이 함께여서 든든하기도 했지만 우리 모두 알지 않는가? 결국은 혼자라는 것을.

홀로 서기 위해서는 힘이 필요하고 누군가에게 기대기 위해서는 용기가 필요하다는 말이 있다. 힘과 용기를 기르기 위해 먼저 큰소리로 기합을 한번 외쳐 볼까나.

나는 이제 자유인이다. 얍! *

미국 은행은 이기주의가 강하고 경쟁도 치열해서 삭막하다고? 미국 은행에 근무하는 사람들은 다들 저 잘난 맛에 살고 끈끈한 동료애도 없는 밥맛들이라고 폄훼하는 사람들은 누구인가?

2019년 11월에 개최한 35주년 송년회에는 1970년대부터 1990년까지 서울지점에서 함께 근무했던 50명 가까운 옛 동료가 반갑게 모였다. 모이는 멤버 중에 가장 연배가 있는 분은 80세가 넘으셨고 제일 어린 사람도 이미 50세가 넘었다. 이 모임은 바쁜 연말 스케줄에도 멤버들 모두가 꼭 참석하려고 노력하는 유쾌하고 독특한 체이스맨해튼은행 동창회다.

퇴직한 직원들 간의 모임이 35년간이나 돈독하게 유지되고 있는 것을 다른 글로벌 은행 직원들이 많이 부러워한다. 1967년에 한국에서 영업을 시작한 이래로 많은 직원들이 은행에 들어오고 나갔음에도 불구하고 변함없이 동료들 간의 집안 경조사도 챙기고 소그룹 활동도 활발하게 하면서 대통회는 반듯하게 운영되고 있다.

그런데 체이스맨해튼은행 직원의 모임 이름은 왜 대통회(大通會)일까? 체이스맨해튼은행의 중국 현지화 브랜드는 '대통(大通)'이다. 미국 은행인 체이스맨해튼은행의 중국 현지 이름을 정할 때 원어 브랜드의 발음과는 관계없이 좋은 의미를 찾아 은행 이름을 정한 것이다. '크게 술술 뚫리라'는 대통은행, 좋지 않은가? 그래서 동창회 이름을 대통회로 정했다.

내가 처음에 다녔던 체이스맨해튼은행의 역사를 살펴보면 1799년에 설립되었던 맨해튼회사(The Manhattan Company)로까지 거슬러 올라간다. 처음 맨해튼회사의 설립 목적은 은행업이 아니었고 뉴욕 맨해튼 남부지역에 깨끗한 수돗물을 공급하는 것이었다. 수돗물 공급사업에 소요되는 커다란 규모의 자금 중에 여유분으로 은행업을 할 수 있다는 허가를 받은 것이 계기가 되었고 그 후 1955년에 맨해튼회사가 체이스내셔널은행(Chase National Bank)과 합병해서 체이스맨해튼은행(Chase Manhattan Bank)이 되었다.

체이스은행 로고는 최초로 설립했던 맨해튼회사가 했던 수돗물 공급 사업을 상징하는 구식 수도관을 본뜬 사각형 도안으로 유명하고 '체이스'라는 명칭은 미국 재무장관과 제6대 대법원장을 지낸 살몬 체이스(Salmon P. Chase, 1808~1873)의 이름을 딴 것으로 알려져 있으며 살몬 체이스는 가장 고액권 달러인 1만 달러 지폐에 나오는 인물이다.

또한 체이스맨해튼은행은 록펠러 가문과 인연이 있는 것으로도 유명하다. 데이빗 록펠러(David Rockefeller, 1915~2017)가 은행장이며 개인 최대주주(1.7%)였기 때문이다. 록펠러는 하버드와 시카고를 졸업하고 군복무를 한 후 1946년에 삼촌이 은행장인 체이스내셔널에 입사했다. 체이스내셔널은 1930년에 Equitable Trust Company of New York을 인수해서 당시 미국 최대의 은행이 되었고 Equitable의 최대주주가 데이빗 록펠러의 부친인 데이빗 D 록펠러여서 그때부터 록펠러 가문과 인연을 맺게 되었다.

다른 미국 은행들처럼 체이스맨해튼은행도 그 후에 100번이 넘는 크고 작은 합병을 하였는데 서울지점과 관련된 큰 합병은 1995년에 케미컬은행(Chemical Bank)에 인수합병된 것이었다. 케미컬은행은 인수 주체였음에도 불구하고 브랜드가 더 잘 알려져 있던 체이스의 이름을 그대로 사용할 만큼 체이스맨해튼은행은 모든 고객들이 거래하고 싶어 하는 고급스럽고 평판이 좋은 은행이었다.

케미컬은행과의 합병으로 체이스맨해튼은행 서울지점에 조

기퇴직 패키지가 발표되었고, 120명의 직원 중에 50명이 퇴직을 결정하였는데 나도 그때에 13년을 다닌 체이스맨해튼은행을 퇴직한 후 현재 다니고 있는 웰스파고은행에 다시 취직하였고 23년간을 근무하고 있다.

현재의 J.P. 모건체이스앤드컴퍼니(J. P. Morgan Chase & Co.)는 2000년도에 체이스맨해튼은행과 J.P. 모건앤드컴퍼니(J. P. Morgan & Co.)가 합병해서 만든 은행으로 체이스맨해튼은행의 새로운 이름이 되었지만, 나를 포함한 대통회 회원들의 마음속에는 첫사랑의 추억과 같이 사각형 모양의 수도관 모양을 본뜬 로고의 원조 체이스맨해튼은행을 사랑하고 영원히 기억하고 싶다.

우리 대통회 멤버 중에는 1993년도에 한국 푸르덴셜 사장을 지낸 후 2002년도에는 미국 푸르덴셜 국제보험그룹의 최고책임자를 지낸 최석진(스펙만 최) 선배님이 최고 연장자이고, 국내 은행 행장을 역임하신 분부터 국내 대기업 대표까지 한국 경제의 핵심 부문에서 공헌하신 많은 선배님들과 아직 현직에서 활동하는 분들도 많이 계시다.

기라성 같은 선후배들이 35년간 꾸준하게 만남을 유지할 수 있었던 비결 중의 하나는 체이스맨해튼은행 서울지점이 문을 연 1967년부터 근무한 마성희 언니 덕분이다. 서울지점에 근무하는 남녀노소 모든 직원이 '마언니'라고 부르는 살아 있는 체이스 역사인 '마언니'는 1990년도에 명예퇴직을 하기까지 직원들 개개인의 가정과 직장 문제에 관한 고민을 모두 상담해 주는 정신적 멘토였다.

요즘에야 직원들의 인사기록부가 잘 정리되어 컴퓨터에 보관되고 있지만 서울지점이 개점했던 초기에 근무했던 직원들의 인사카드가 인사부에 없는 경우도 있다. 그런 직원이 은행 경력확인서를 떼러 오면 인사부에서는 마언니에게 그 직원이 언제부터 언제까지 근무를 했었는지 확인하고 서류를 떼어준다는 에피소드도 있었다.

마언니가 퇴직을 결정했을 때 거의 대부분의 직원들이 언니의 퇴임을 만류하고 '체이스맨해튼은행 서울지점의 산증인'으로 계속 은행에 남아주기를 간청했었다. 아직도 직원들 한 사람 한 사람에게 안부전화는 물론이요 모든 멤버들의 경조사에 빠짐없이 참석해서 축하와 위로를 해주는 부드러운 카리스마를 지닌 우리의 영원한 왕 언니인 '마언니'가 계셨기에 대통회가 설립되고 35년이 지난 현재까지 '순항중'이다.

직장 동료들과의 동창회가 귀중한 이유가 무엇일까? 그분들을 통해서 내 인생의 전성기 시절에 내가 얼마나 열심히 현장에서 일했었는지를 확인 받고 싶은 걸까? 나의 젊었던 시절을 기억하고 추억을 같이 나눌 수 있는 그분들로부터 나도 한때는 얼마나 열정이 많았고 꿈이 많았던 사람이었는지를 듣고 싶다. 내가 젊었을 때 패기에 가득했던 모습을 옆자리에서 보았던 그분들이 얼마나 소중한가?

직장 동료와의 모임이 어떤 면에서는 학교 동창을 만나는 것과는 또 다른 귀한 가치가 있다. 번쩍이는 아이디어가 솟아나고 열정 가득한 눈빛이 살아 움직이던 나의 인생의 하이라이트를 함께 지내온 그때의 동료를 오랫동안 만나고 싶다.

과거 젊었던 시절로 돌아갈 수는 없지만 뜨거운 정열을 불태우며 최선을 다했던 그때의 기억을 더듬어 지금 현재의 내 모습에 덧씌우고 싶다. 서로에게 긍정적인 에너지를 뿜어주고 있는 나의 직장 선후배님과의 만남인 체이스맨해튼은행 대통회는 계속 진행형이어야 한다.＊

52
매직 에이지에 계속 달리는 여자

배우 하정우는 걷기를 즐긴다. 엄밀히 말하면 즐기는 단계를 훌쩍 뛰어넘어 좋은 의미로 걷기에 중독된 사람이다. 그는 걷기를 "두 발로 하는 간절한 기도"라고 표현했다. 책 표지에 써 있는 이 구절이 마음에 들어서 그의 책 《걷는 사람, 하정우》를 샀다.

나도 걷는 것을 좋아한다. 걷기에 나서기 전 마음에 큰 부담이 없어서 좋다. 편한 옷차림에 운동화를 신고 집을 나서기만 하면 된다. 누군가와 함께 걸을 필요도 없다. 혼자 걷는 그 시간은 명상의 시간이 되기도 한다.

걸으면서 많은 생각을 할 수 있다. 그 생각들 중에서 머리와 가슴에 남겨둘 것들과 이제는 그만 버려야 할 것들이 구분되어 정리되기도 한다. 때로는 아무런 생각도 안 하고 그저 두 발만 움직이며 무념무상을 즐겨도 된다. 그럴 수 있는 걷는 시간이 좋다. 다른 운동과 달리 따로 배우지 않아도 되고, 잘 걷는 사람과 못 걷는 사람 간의 우열이 크지 않아 경쟁을 하지 않아서 좋다. 건강을 위해 운동을 하는 그 시간에는 조금의 경쟁심도 갖고 싶지 않다.

마라톤을 좋아하는 부서장이 있었다. 그분은 조금만 관리하지 않으면 금세 체중이 불어나는 체질이라며 매일매일 달리기를 했고 그러다가 본격적으로 마라톤을 시작하게 되었다. '좋은 건 나누는 것'이라며 시간이 날 때마다 우리에게 마라톤이 주는 즐거움에 대해 이야기를 했고 급기야는 부서에 있는 직원들에게 마라톤대회에 함께 출전하기를 권했다.

걸어서 출퇴근하는 배우 하정우도 걷기를 통해 배우고 느낀 것을 주변 사람들에게 열성적으로 전파해서 '교주'라는 별명을 갖고 있다. 거기에 전도된 사람들이 모여서 '걷기클럽'을 만들었고 그들은 제주도, 하와이 등 걷기에 좋은 장소를 찾아다니며 그 땅을 함께 밟아 나가고 있다.

앞뒤를 별로 재지 않고 매사에 일단 도전해보자는 생각으로 살고 있는 나를 포함한 몇 명이 가을에 열리는 춘천 마라톤대회에 참가하기로 했다. 지금은 없어졌지만 2000년도 초반에는 5km 코스가 있었다. 마라톤에 처음 입문하는 것이니 겸손하게 5km만 뛰고 춘천 닭갈비에 가평 잣막걸리를 먹기로 했다. 처음 뛰어보는 마라톤대회에 대한 설렘보다는 진짜 원조 춘천 닭갈비에 시원한 막걸리를 마실 생각에 마음이 더 설레었다.

마라톤에 입문하겠다고 나서는 햇병아리들에게 5km를 쉽게 생각하지 말고 주말마다 조금씩 뛰는 연습을 하자는 부서장의 말은 귓등으로 흘려버렸다. 까짓 거 뭐 5km 정도는 동네 한 바퀴 도는 정도라는 시건방진 생각으로 연습할 생각은 애당초 하지도 않았다.

파란 하늘에 흰 구름이 두둥실 떠다니는 상쾌한 가을날에 다들 소풍을 떠나는 마음으로 춘천으로 향했다. 미리 받아놓은 대회 티셔츠를 입고 앞뒤로 번호판을 붙이고 운동화에 기록을 재는 칩을 달고 나니 약간 긴장되기 시작했다. 우리끼리 빙 둘러서서 스트레칭을 하면서 몸을 푸는데 나뿐만 아니라 옆 사람 몸에서도 뚝뚝 소리가 들렸다. 미리 몸 좀 만들고 왔어야 하나? 운동장에 모인 많은 마라토너들을 보니 '이거 장난 아닌데?' 하는 현실감이 들었다.

시작을 알리는 총소리를 들었지만 워낙 많은 사람이 함께 출발하다 보니 그저 줄줄이 무리를 지어 천천히 출발했다. 우리는 기록이 목표가 아니라 완주만 하면 된다는 편한 생각으로 왔으니 서두를 필요가 없었다. 그런데 거의 한 시간가량을 쉬지 않고 뛸 생각을 하니 완주하는 것도 쉽지는 않겠다는 생각이 들었다.

반환점까지는 뛸 만했다. 재미도 있었다. 길가에 서서 큰 목소리로 응원을 해주는 봉사자들의 목소리도 듣기 좋았고 물이며 바나나 같은 먹을 것들도 많았다. 그런데 1km 정도 남은 구간부터 힘이 들기 시작하더니 점점 뒤처지기 시작했다. 한번 뒤처지면 더 힘들 거라는 생각에 다리를 빨리 움직이려 했지만 내 다리가 코끼리 다리처럼 둔하고 무겁게 느껴져서 뛸수가 없었다. 아직도 그때가 생생하게 느껴진다. 얼마나 힘들었는지.

5km는 쉽게 뛸 수 있을 거라는 착각 속에서 낄낄거리며 출발했던 운동장 입구까지는 그래도 걷지 않고 뛰어왔는데 거기서 골인 지점까지 가는 그 짧은 거리가 너무나 멀게 느껴졌다. 고지가 바로 저긴데, 결승점이 눈에 보이는데 이 짧은 거리가 이렇게 멀게 느껴지다니.

먼저 도착한 동료들이 옆에 서서 "스물, 열아홉, 열여덟" 카운트다운을 하고 박수를 치면서 응원하는 소리에 힘을 얻어 마지막 한 발 한 발 움직였다. 간신히 결승점에 도착해서 주저앉으려고 하니 부서장이 계속 걸어야 한다고 앉지도 못하게 했다.

메달도 받고 기념품도 받고 한 보따리를 챙기고 뒤풀이 장소로 이동했다. 신났다. 해냈다는 성취감에 원 샷이 투 샷이 되고 쓰리 샷에 고고 행진을 하다가 술잔은 세는 것이 아니라고 그 다음에는 무조건 그냥 달렸다. 1차로 5km를 한 시간 동안 달리고 난 후, 부어라 마셔라 하는 다섯 시간의 2차 드링킹 코스를 연거푸 계속 달린 우리는 그날 이후 한 달 이상 초록색 병은 쳐다보기도 싫을 만큼 심한 뒤풀이의 추억을 만들었다.

탄력을 받은 김에 10km 마라톤에 도전하기로 했다. 이번에는 봄에 서울에서 하는 동아마라톤이다. 가을의 춘천 호숫가를 달리는 것도 멋지고 낭만이 있지만 내가 자동차로만 달려보던 서울의 한가운데를 내 두 발로 밟고 뛰는 것도 색다른 의미가 있으리라는 기대가 컸다.

춘천 마라톤대회 때는 5km를 달리고 난 후 2주 정도는 퉁퉁 부은 다리를 질질 끌고 다녔다. 마라톤을 하고 난 직후에 다리 근육을 잘 풀어주어야 후유증이 덜한데 고생한 다리 근육을 어루만지기도 전에 뒤풀이 장소로 냅다 뛰어가서 소주잔만 쉬지 않고 들이켠 결과였다.

10km 때는 제대로 준비해야 한다는 각오는 했으나 하루 이틀 미루다가 또 아무런 사전 연습도 없이 결국 운동장에 서게 되었다. 마라톤 출발선 분위기를 이미 한번 맛봤으니 신선한 맛은 없었지만 서울 하늘 아래서 뛴다는 새로운 느낌이었다. 이번에도 겸손하게 완주가 목표였다. 아예 기록을 재는 칩은

달지도 않은 채 걸어서라도 골인점에 들어가자는 단 한 가지의 목표를 갖고 출발했다.

5km 때는 페이스메이커(pace maker)들이 없었는데 10km 때는 군데군데 페이스메이커들이 있었다. 활력이 넘쳐 보이는 그분들의 "속도 조절만 잘하면 10km 완주는 누구든지 다 할 수 있으니 본인들만 따라서 뛰면 된다"는 응원에 힘입어 나에게 편안한 속도를 찾아서 무리하지 않고 그 속도를 끝까지 유지하려고 마음을 먹었다.

신기하게 5km 반환점까지도 뛸 만했다. 그다지 힘이 들지 않았다. 지난번 5km를 뛸 때는 마지막 운동장 한 바퀴가 죽을 맛이었는데 이번에는 5km에 있는 반환점을 돌아 앞으로 5km를 더 뛰어야 하는데도 몸과 마음 모든 컨디션이 괜찮았다.

7km에서 8km가 넘는 순간에는 힘들기는커녕 너무 편안했다. 이렇게 달리면 끊임없이 계속 달릴 수도 있겠다는 생각이 들었다.

'마라톤에 재능 있는 거 아냐?'

다음에는 하프코스는 뛰어 넘고 곧바로 42.195km 풀코스로 직행해야 하는 거 아닌가 하는 방자한 생각까지도 들었다. 정말 잔디밭을 가볍게 달리는 느낌이고 얼굴에 닿는 바람도 시원하고 상쾌하게 느껴졌다. 마라토너들이 느낀다는 '런 하이

(run high)'가 이런 거구나. 달리는 도중에 어느 시점을 넘어서게 되면 달리면서 너무 편하고 기분 좋은 보너스 순간이 찾아온다는 '런 하이' 희열이 느껴졌다.

10km에서 맛본 런 하이 그 순간은 정말 예상치 않은 보너스였다. 기대하지 않고 있다가 기분 좋은 상황을 마주하게 될 때의 느낌이었다. 칭찬받겠지, 인정해주겠지, 당연히 이번에 승진할 거야. 그렇게 예상하고 있으면서 받은 칭찬, 인정 그리고 승진보다 그저 내가 할 일을 묵묵히 하고 났을 때 생각지도 않은 좋은 말과 보상을 받게 되면 그 기쁨과 뿌듯함은 몇 배가 되듯이 '런 하이'는 특별 보너스 느낌이었다.

낚싯대에 고기가 물렸을 때 느끼는 '손맛'처럼 골인점에 발을 디딜 때의 그 '발맛' 또한 기가 막혔다. 이 세상을 다 가진 것 같고 무서울 게 없고 뭐든지 다 할 수 있을 것 같은 자신감이 머리끝까지 올라왔다. 내 몸속의 뜨거운 에너지를 느끼며 사춘기 소녀처럼 얼굴도 달아오르고 가슴도 터질 것 같은 느낌이 들었다. 이 맛이구나. 이래서 마라톤에 뛰어든 사람들이 중독적으로 계속 달리는 거구나. 어떡하지? 나도 이 맛을 알아버렸으니.

하정우의 책을 읽으며 '매직 아워(magic hour)'라는 용어를 알게 되었다. 여명기나 황혼기에 햇빛의 양이 적당해서 촬영

할 때 아주 아름답고 부드러운 영상을 찍을 수 있다는 시간대를 가리켜서 '매직 아워'라고 한다.

두 아들을 낳고 기르며 36년간의 직장생활을 하면서 여러 번 '런 하이'의 순간들을 경험한 지금이 나는 '매직 에이지(magic age)'라고 생각한다. 따사로운 햇빛과 같이 기분 좋은 경험뿐만 아니라 폭풍우가 몰아치는 길 위에 덩그러니 나 혼자 남아 있는 것과 같은 쓰라린 경험도 기억 속에 남아 있다.

그 모든 소중한 추억들을 백 팩 안에 고이 접어 넣고 운동화 끈을 다시 꽉 조여매야겠다. 아름답고 멋진 나의 후반전을 달리는 거다. 이번에는 스트레칭을 충분히 했다. 새로운 '런 하이'를 맞으러 세상 속으로 나가는 거다. 또 달리는 거다.*

53

연극배우로 무대에 서다

"뭐여? 니가 봤냐? 니가 봤어? 내가 신 빨 떨어진 거 니가 봤냐고?"

'어떡하지. 내가 잘 할 수 있을까? 느낌이 안 오는데.'

"아들아. 엄마가 충격적인 배역을 맡았는데 멘붕이다. 어떻게 표현을 해야 할지 도저히 감을 잡을 수가 없다."

"무슨 배역인데요?"

"거 참. 입이 안 떨어지네. 음. 실은 무당 역할이야."

"엄마, 대박이에요. 그런 역할을 해보셔야죠. 엄마는 카리스마 있는 무당이 되면 좋을 듯해요."

36년을 은행원으로 그것도 여성 임원으로 점잖게 생활해 온 내가 무당 역할을 해야 하다니. 느낌을 어떻게 가져야 할지, 어떤 억양으로 말을 해야 할지 전혀 감이 오지 않았다. 작두 타고 신들린 듯 입에 거품 무는 그런 장면은 없지만 그래도 무당이면 뭔가 튀어야 하는데 그것을 어떻게 표현해야 할지 그저 막막했다.

그러나 완전 엄지 척으로 나의 의욕을 북돋아주는 아들의 응원과 조언에 힘입어 '카리스마 있는 묵직한 무당'의 컨셉을 잡고 연습하니 몇 달 후엔 어느 정도는 '나이 들어 신 빨이 떨어진 한물 간 무당'으로 변해 있었다.

2017년 5월에 갑자기 지난겨울 길가에 걸려 있던 현수막이 떠올랐다. '이촌동 마을극단 창립단원 모집'. 그때 그 현수막을 보고서 마음이 설레었는데 바쁘다 보니 한동안 잊고 있었다. 인터넷으로 '이촌동 연극'을 찾아보았더니 2016년 12월에 지역 문화사업의 일환으로 이촌동 마을극단이 창단되었다는 이야기와 함께 가입 문의는 주민센터로 하라고 써 있었다. 당장 전화를 걸었다.

"몇 사람 정도 있나요? 누가 가르쳐 주는데요? 어디로 가면 될까요?"

마침 아주 친절한 담당자가 자세하게 설명해주었다.

매주 월요일 6시 반에 연출가를 모시고 단원들이 모여서 대본을 읽는데 부담 갖지 말고 한번 와서 보라고 했다. 장소는 집 앞에 있는 청소년 수련관이다. 완전 가깝다.

그 다음 월요일에 씩씩하게 문을 열고 들어가 보니 아주 가족적인 분위기에 일곱 명의 단원이 연출가와 함께 〈칠순 잔치〉라는 시나리오를 읽고 있었고, 그날 며느리 역을 맡았던 단원이 결석을 해서 나는 그날로 며느리 배역을 물려받았다.

나이가 들어 뻔뻔해졌나 보다. 처음 만나는 사람들 사이에 끼어 앉아 감정을 잡고 난생처음 시나리오를 읽다니. 그런데 재미있었다. 동네에서 인테리어 사업을 하시는 분, 시장 골목 안 정육점 사장님, 이자까야를 운영하는 쉐프, 유치원 원장님 그리고 주민복지협의회 임원들. 평소에 동네 분들과 친분이 없던 나로서는 신기하기도 했고 이 모임에 끼어 있는 내 모습이 연극 같다는 생각이 들었다.

대본 읽기가 끝나면 이자까야로 몰려가서 뒤풀이 한잔도 했다. 평소에도 연극이 좋아서 기회가 있을 때마다 연극을 보러 가곤 했지만 막상 내가 다른 집안의 며느리로 분하여 대사를 읽는 것이 우습기도 했고 짜릿한 희열도 느껴졌다. 뭐지 이 기분은?

'아, 이게 내가 하고 싶었던 일이구나.'

그 다음부터 월요일이 기다려졌다.

정년퇴직 후의 삶을 인생 2막이라고 말하곤 한다. 인생 2막이라는 단어보다 좀 더 멋진 단어를 쓰고 싶은데 아직 더 근사한 단어가 떠오르지 않는다. 인생 1막은 나 자신의 삶보다는 가족을 위해서 살았다. 즐거움이나 보람을 느끼기보다는 엄마의 의무로 나의 시간을 담보로 돈을 벌었다.

그러나 퇴직 후 인생 2막은 어떻게 살아야 할까. 청소년들이 어른이 되어가는 길목에서 삶의 방향을 갈등하고 고민하며 한바탕 홍역을 치르듯이 중년들도 인생 2막을 시작하는 시점에서 또 한 번의 외로운 마음앓이를 하게 된다. 각자 자신이 처한 상황이 서로 다를 뿐이지 인생 2막을 맞는 사람들이 원하는 방향은 같지 않을까?

이제부터는 '내가 좋아하는 일을 하면서 살고 싶다'는 것이다. 나를 중심에 두고 나를 최우선 순위에 두고 살고 싶다. 이제는 나에게 자유와 보상을 주고 싶다. 할 수만 있다면 내가 하고 싶은 일을 하고 나를 위해 돈과 시간을 쓰고 마음도 거기에 두고 싶다.

나와 비슷한 생각을 하는 사람들이 참 많았다. 나와 같은 은행원, 전현직 국어선생님, 현직 법대 교수에 다양한 직종의 직장인 그리고 사업을 하는 분이 제 발로 마을극단을 찾아왔다. 내가 평소에 만나던 사람들과는 아주 많이 다른 분야에서 활동하는 사람들과의 만남이 무척 신선했다.

몇 달간 대본을 읽고 대사를 외우고 몸을 움직이며 블로킹을 하고 배우들과 동선을 맞춰가며 한 편의 연극 공연을 준비하는 과정에서 내가 살아 있음이 강하게 느껴졌다.

'서울 시민연극제'는 서울에 있는 여러 지역구에서 활동하는 마을 극단들이 모여서 매년 경연을 하는 연극제다. 2018년에는 성동구가 주최하면서 성동아트홀의 무대에 섰고, 2019년은 강동구 차례였다. 강동아트홀에서 셰익스피어의 〈한여름 밤의 꿈〉에서 몸으로 먹고사는 직공 역을 맡아서 공연을 했다.

연극을 사랑하는 아마추어들이 무대에 설 수 있는 기회가 많다. 아마추어 연극인들이 모인 '한국생활연극협회'가 있다. 작년에는 이 협회에서 주최하는 '한국생활연극대전'이 동국대학교 이해랑 극장에서 열린 덕분에 전통 있는 이해랑 극장 무대에도 섰다.

당신도 로미오가 될 수 있고 젊은 베르테르가 될 수 있다. 몇 년 전까지는 꿈도 꾸지 못했던 연극배우로서 무대에 서 있는 현재의 내가 기특하다. 매년 새로운 무대에서 공연을 하다 보면 연극인의 성지인 대학로의 무대에 서는 날도 멀지 않았으리라 꿈을 꾼다.

연출가가 배우들의 배역을 정할 때는 나이, 체격, 목소리 톤 등을 두루 감안한다. 늦은 나이에 연극을 시작했지만 나도 이왕이면 화려한 역할도 하고 싶고 주인공 역할도 욕심이 난다. 그러나 항상 나의 욕심을 누른다. 여기서도 경쟁을 하려는가? 아직도 인생에 스펙을 더 쌓고 싶은가? 남에게 성공적으로 보이는 삶보다는 소중한 사람들과 유쾌하게 즐기는 삶을 살아야 할 때가 아닌가. 어떤 역할이든 묻지도 따지지도 않고 주어지는 역할에 최선을 다하리라.

"신음소리 이거 아주 중요한 겁니다. 이걸 잘해야 인기도 얻고 돈도 벌게 돼요. 우~ 아~ 오~ 우~ 뭐 이 정도만 해도 웬만한 남자는 다 쓰러지죠. 그런데 가끔 변태 같은 사람들이 있어요. 이럴 땐 그냥 동물 같은 소리로~~~."

〈경로당 폰팅사건〉에서 폰팅 걸에게 '애교 떠는 콧소리'와 '자극적인 신음소리'를 알려주는 폰팅 교육부장의 대사를 내가 야릇한 포즈를 취하며 무대에서 연기했다. 손님을 꼬시는 간드러진 대사와 유혹하는 몸짓 연기를 위해서 연습에 연습을 했음에도 오랜 기간 은행원으로 굳어버린 나의 이미지를 바꾸는 것이 어려웠다. 그러나 그런 연습을 하는 과정 속에서 살아 있는 에너지가 팍팍 솟아오르는 것이 느껴졌다.

인생의 후반전은 전반전과 같은 양의 시간이 주어지지 않는다. 그러나 괜찮다. 우리는 이미 몸 풀기를 마쳤다. 이미 준비운동을 했기 때문에 즉시 실전에 투입될 수 있다. 지금 바로 시작이다. 호흡을 가다듬고 앞으로 뛰어나가자. 누가 뭐래도 여기는 우리 세상이다. 나한테 조명을 환하게 비추자. 지금 내 인생의 주인공은 바로 나다. *

54
Master coach가 될 때까지

　어느 날 문득 '대학원을 갈까?' 하는 생각이 들었다. 퇴직이 점점 다가오면서 뭔가를 준비해야 한다는 것은 알겠는데 그 뭔가가 무엇인지를 계속 생각하던 참이었다. 내가 좋아하는 것을 해야지. 내가 잘하는 것이 뭐지? 인생 후반전인데 사람들에게 도움이 되는 것을 한다면 내 인생이 좀 더 보람 있지 않을까? 그런데 그것이 무엇이든지 학문적인 바탕이 있어야 할 것 같았고 그래서 대학원에 가고 싶었다.

　새로운 사람을 만나는 것도 어려워하지 않고 편하게 생각하는 성격이고 사람과 이야기 나누는 것을 좋아하니 사람을 만나는 일을 해야겠다고 생각하면서 상담, 카운셀링, 멘토링 그리고 코칭 등에 관한 교육을 찾아보다가 코칭의 사관학교인 국민대학교 경영대학원 '리더십과 코칭' 과정을 알게 되었다.

　비슷해 보이지만 방점을 찍는 부분이 조금씩 다른 여러 타

입의 교육 중에서 '모든 사람에게는 가능성이 있다'라는 코칭의 기본 철학이 마음에 와 닿았고 사람들 스스로가 그 잠재력을 이끌어 내도록 '대화의 상대자로서 함께 길을 걷는 파트너인 코치'가 되고 싶었다.

내가 아는 모든 사람이 과거의 문제가 아니라 미래의 기회에 초점을 맞추고 살아가도록 옆에서 돕고 싶었고, 자신의 힘을 믿고 긍정적으로 앞으로 나아가도록 응원하는 데 내 힘을 쏟아야겠다는 마음이 들었다.

'코치들의 코치'라는 닉네임을 갖고 계신 국민대 고현숙 교수님의 인터뷰와 《유쾌하게 자극하라》라는 책을 읽으며 코치로서 사는 것이 나에게 꼭 맞는 길이 될 거라는 확신이 들었다. 오롯이 나 혼자서 알아보고 선택하고 결정한 코칭의 세계로 발걸음을 떼기 시작한 순간이었다.

가을 학기는 봄 학기에 비하여 인원수가 적은 12명의 학우가 모였고 가족적인 분위기에서 토요일에만 수업을 받게 되어 주중에 은행 업무에 부담이 되지 않았다. 학우들의 이력과 경력도 아주 다양해서 현직 국내 은행 자회사 부사장님, 간호사 출신 제약회사 마케터, 독서클럽 회장인 군인 아저씨, 필리핀에서 선교사로 일하다 귀국한 청년, 보험 대리점을 경영하는 열혈 보험 컨설턴트, 대기업 인재개발부에 다니는 커리어 우먼에 어르신의 취업을 돕는 어르신 행복주식회사 대표와 현재 활발하게 활동 중인 인기 강사 그리고 국가대표 운동선수의 엄마도 있었다.

나를 더 놀라게 한 것은 전주와 대전에서 KTX를 타고 올라오는 두 분의 학우였는데 이 두 분은 KTX를 타고 오는 원거리 학생이라는 공통점 외에 이미 책을 출간한 작가들이었다. 보험 컨설턴트와 어르신 행복주식회사 대표는 시기는 다르지만 청와대에서 근무했던 공통점을 갖고 있었다.

국가대표 엄마는 선수들의 멘탈 코치로 태릉선수촌에 입소하겠다는 구체적인 목표를 갖고 입학했다. 다양한 경력의 소유자들이 모여 각자 화려한 빛을 뿜어내는데 그 하모니가 얼마나 아름답게 조화를 이루는지 내가 이 학우들을 만난 것은 내 인생의 큰 축복이다.

코칭을 하는 데 필요한 자격증이 있다는 것도 몰랐고, 그 자격증을 따기 위해서는 얼마나 많은 시간 동안 실습을 해야 하는지도 알지 못한 상태로 시작한 코칭이었다. 코칭은 '사람을 살리는 대화의 방법'을 배우는 것이다. 상대방의 잠자는 의식을 깨우고 주저앉아 있는 자존감을 일으켜 세우며 자신의 미래를 보는 시야를 넓게 확장시켜 주는 일을 상대방에게 질문하고 들어주는 과정 안에서 멋지게 이루어낸다.

나의 편견이나 선입견을 다 털어낸 상태에서 상대방이 하는 말에 온전히 몰입하여 듣는 것을 연습하고 또 연습했다. 고객이 말하는 것에 더하여 그 이면에는 어떤 상황과 배경이 깔려 있는지를 알려고 노력하고, 고객이 미처 보지 못하고 생각하지 못한 부분까지 고객의 의식을 넓히는 강력한 질문을 던지기 위한 연습을 하고 또 했다. 그런 것들이 내 몸에 체득이 되도록 동기를 포함한 선후배들과 조를 짜서 매일 밤늦게까지 실습하는 시간은 피곤하고 힘들었지만 조금씩 나아지고 있는 나 자신을 만나는 기쁨이 있었다.

2018년 9월에 입학해서 한 달이 지난 10월부터 쉬지 않고 실습한 뒤 2019년 2월에는 가장 기본적인 코치 자격증인 KAC(Korea Associate Coach)를 취득하였고, 200시간이 넘는 실습을 한 10월에는 그 다음 단계인 KPC(Korea Professional Coach) 자격증을 가슴에 품을 수 있었다. 매일 저녁 한 시간 반가량 전화통을 붙잡고 다양한 코칭 주제를 갖고 고객과 코치의 역할을 번갈아하며 실습한 노력의 성과였다.

코치로서 가장 최고의 목표는 ICF(International Coach Federation 국제코치연맹)에서 인정하는 MCC(Master Certified Coach)가 되는 것이다. 내가 대학원에 입학한 2018년에는 우리나라에 MCC 자격을 갖고 계신 분이 6명뿐이었다.

그러나 2019년에 몇 분이 더 MCC 자격증을 취득하여 지금은 10명 정도가 있다. MCC에 응시하려면 2,500시간 이상의 코칭을 경험해야 하고 매우 엄격한 심사평가 기준을 통과해야 하지만 나의 목표는 MCC가 되어 국제적으로 공인된 코치가 되는 것이다.

좋은 코치가 되는 것과 높은 레벨의 자격증을 따는 것은 결이 다른 이야기지만 쉬지 않고 열심히 사람을 만나서 성찰에 도움이 되는 질문을 하고 몰입하여 경청하면서 그 사람 안에서 작은 변화가 일어나도록 힘을 보태려고 한다. 변화는 어느 날 갑자기 드라마틱하게 일어나는 것이 아니다. 작은 일에서 큰 깨달음을 얻게 되면 거기서 용기와 에너지를 얻게 되고 자존감과 자신감이 올라가는 힘을 받게 된다.

많은 시간이 쌓이고 쌓여 어느 날 MCC 자격에 응시할 수 있는 때가 될 때까지 멈추지 않으리라. 눈에 보이는 커다란 목표가 생겨서 흥분된다. 그 목표가 사람을 살리는 일인 것에 감사한다. 도전할 수 있는 힘이 있어서 다행이다. 같은 길을 함께 가는 학우들이 있어서 외롭지 않다. 이런 나는 참 행복한 사람이다.＊

55
다이닝코칭 Bar 오픈

2019년 연예대상을 탄 개그우먼 박나래를 유명하게 만든 것은 무엇인가? 그녀는 〈나혼자산다〉라는 프로그램으로 확실하게 떴고 그 안에서 본인이 만든 '나래Bar'에 사람들을 초대하고 직접 음식을 만들어 함께 먹는 장면으로 시청자들에게 자신의 이미지를 강하게 각인시켰다.

자신의 집에 사람을 초대하고 그를 위해 정성껏 음식을 만들어 마주 앉아 함께 먹는다는 것은 내가 몸과 마음과 시간을 다하여 당신에게 집중할 만큼 당신을 소중하게 여기며 좋아한다는 마음을 보여주는 방법이다. 박나래는 '나래Bar'라는 공간을 통해서 자신의 털털한 이미지에 정성을 다하며 요리하는 인간적인 모습을 확실하게 보여주었고 그것을 발판 삼아 예능인으로서 자신의 영역을 성공적으로 구축하였다.

'한솥밥을 먹다', 함께 생활하며 집안 식구처럼 가깝게 지낸다는 이 말이 나는 인간적이고 따뜻해서 참 좋다. 나이가 든 티를 내고 싶지 않지만 나는 생각하는 것이나 좋아하는 스타일이 어쩔 수 없는 아날로그 세대다. 코칭도 전화로 하기보다는 만나서 이야기를 나누는 것이 더 효과적이고, 어떤 사람을 만나더라도 무언가 맛있는 것을 함께 나누어 먹게 되면 빨리 친해지고 좋은 감정으로 관계를 유지하는 데 도움이 된다는 생각을 갖고 있다.

코칭을 공부하려고 생각한 이유 중의 하나는 둘째 아들이 사춘기를 제대로 겪을 때 우리 아들이 속 시원하게 터놓고 이야기할 수 있는 믿을 만한 사람이 있었으면 좋겠다고 생각하면서였다. 자신감이 떨어져 마음이 힘들고 이 넓은 세상에 나만 혼자 덩그러니 서 있는 것 같은 느낌으로 외로울 때, 그리고 앞이 너무 어두워서 어느 방향으로 가야 할지 몰라서 당황스러울 때, 사람들의 이야기를 들어주고 공감하며 그들의 마음을 토닥토닥 감싸 안아줄 수 있는 누군가가 필요했다. 그런데 그런 사람을 찾기가 쉽지 않았다.

기억하고 싶지 않은 상처를 건드리고 부족한 부분을 자꾸 들춰내는 대화에 우리 사랑하는 아이들의 기운이 빠지게 하고 싶지는 않았다. 떨어질 대로 떨어진 자존감으로 어깨를 움츠리고 고개를 아래로 떨구고 있는 우리의 아이들이 정신과 병원에서 의사 선생님과 마주 앉은 본인들을 환자라고 생각할지 모른다는 염려가 되어 그런 곳은 더더욱 권할 수가 없었다.

엄마 아빠가 되었어도 지금 '이 순간'은 처음 맞는 새로운 세상이다. 우리 모두 초보인생을 매일 매순간 사는 것이 아닌가? 직장에서 높은 직위에 있는 경영진이나 아래위로 치이는 중간 책임자나 조직생활에 아직 익숙하지 않은 어린 직장인들 모두 '오늘'이라는 미지의 세계로 긴장하며 걸어 들어가는 것이 우리의 인생길이다.

새로운 길을 떠나기 위해 내비게이션으로 길을 확인하고 필요한 연료를 채워야 할 때 어떤 이는 주유소에만 들르고 빨리 방향을 잡고 떠나지만 누군가는 주유소 옆에 있는 휴게소에서 커피도 한 잔 하면서 여유를 부리기도 한다. 쉬었다 가도 된다. 어쩌면 쉬면서 기운을 차리고 새롭게 떠나는 것이 더 나을 수도 있다.

마음이 힘든 사람일수록 새로운 사람을 만나는 것이 부담스럽고 마음을 열고 얘기하는 것이 쉽지 않은데 우리에게 어렵게 느껴지는 병원을 찾기보다는 제대로 훈련된 코치가 고객의 마음을 편안하고 자연스럽게 열고 대화하면서 함께 길을 찾을 수 있는 기회가 많았으면 좋겠다.

어떻게 하면 마음이 힘든 사람, 생각을 나누고 싶어 하는 사람과 덜 부담스럽게 빨리 친해질 수 있을까? 그 사람들이 나와 마주 앉아 나의 눈을 똑바로 쳐다보며 마음에 담아 있는 이야기를 안심하고 풀어내도록 만들려면 어떻게 해야 할까?

잡음 없이 깨끗하고 정확한 주파수를 그 사람들과 맞추기 위해서는 어떤 매개체가 필요할까? 많은 생각 끝에 내린 결론은 마음이 힘든 사람일수록 사람과 사람을 연결해주는 달콤한 이벤트가 필요하고 맛있는 것을 함께 만들어 먹는 것이 가장 빠르고 확실한 방법이라는 것이다.

마음이 힘들지는 않지만 더 성장하기 위해서 타인의 시선을 신경 쓰지 않는 곳에서 편안하게 자기 자신을 돌아보고 성찰하고 싶은 사람들도 많다. 특히 연예인이나 기업의 임원을 포함한 공인인 경우 주위의 시선들로부터 방해 받지 않고 몇 시간 동안 자기 자신을 들여다보는 시간을 갖는 것은 주기적으로 필요하다.

해결할 문제가 있거나 결정을 내릴 것이 있을 때만 생각을 정리하는 것이 아니다. 뒤돌아보기도 하고 앞으로 내다보기도 하고 둘러보고 한참 동안 한 곳을 응시하며 바라보는 자기 성찰의 시간이 많을수록 삶은 묵직하고 단단해지고 깊어진다.

내가 좋아하는 장소에 그런 분들을 위한 공간을 만들어 함께 요리하고 마주 앉아 나누어 먹으며 이야기를 나누고 싶다. 어린이도 좋고 사회 초년생도 좋고 인생의 맛을 좀 느껴본 분도 좋고 많은 것을 이미 내려놓은 분들도 환영한다. 내가 정성껏 그분들을 위한 요리를 하고 마주 앉아 그분들의 마음을 제대로 열 수만 있다면 이미 목적지의 반 이상에 다다른 것이다. 다음 단계로 뛰어오르기 위한 영양분을 충분히 섭취했기 때문에 이제는 행동에 옮기는 의지만 다지면 된다.

다이닝코칭 Bar. 내가 소박하게 꿈꾸는 코칭 대화의 공간이다.

그 공간에서 사람을 성장 발전시키는 요리를 만들 것이다. 다이닝코칭 Bar에서 그 요리를 먹고 사람들이 에너지를 충분하게 채우기를 희망한다. 그분들의 얼굴이 환하게 밝아지고 목소리에 힘이 들어가고 자신감이 생긴다면, 이곳저곳에 다이닝코칭 Bar 분점들이 늘어나리라.

나와 생각의 방향이 같은 분들은 여기 여기 모여라.

대박 성공의 예감에 가슴이 벅차오른다.＊

늦은 퇴근길에 장맛비가 억수같이 쏟아졌다. 어두운데 비까지 세차게 내리니까 차선도 잘 보이지 않고 운전하기가 쉽지 않았다. 용산에서 이촌동으로 가기 위해서는 좌회전을 한 후 2차선으로 가야 하는데 오른쪽 강변북로 방향으로 가는 차들이 2차선을 대부분 점령하고 있었다.

2차선에 있는 차들 뒤로 가면 한참을 그대로 서 있겠다 싶어서 이촌동으로 직진을 해야 하지만 일단 좌회전 차선인 1차선으로 들어섰다. '좌회전 차선으로 달리다가 2차선 직진 차선으로 들어갈 기회가 생기겠지' 하는 막연한 기대감으로 그렇게 한 것인데 어두운 빗속에서 도저히 차선을 변경할 수가 없었다.

틈새가 조금 있어서 깜박이를 켜고 2차선으로 붙으려면 뒤에 있는 차가 '어디를 감히 비집고 들어오느냐'는 듯이 끼어들

공간을 내주지 않고 얼른 앞차 뒤로 붙어버렸다. 몇 번이나 시도해 봤지만 조금도 양보를 받을 수 없었다. 조금 후 좌회전 신호가 들어왔고 장대비가 억수같이 내리는 상황에서 뒤 차들에게 피해를 줄 수가 없어서 마치 좌회전을 하려던 사람처럼 자연스럽게 왼쪽으로 차를 몰 수밖에 없었다.

코앞에 있는 집을 지나 한참을 돌고 돌아 유턴을 하고 나서야 집에 도착했다. 내가 정직하게 올바른 차선을 따라가지 않고 옆으로 샜으면서도 오른쪽으로 차선을 변경하도록 틈을 내주지 않은 다른 차들이 원망스러웠다.

5779라는 번호판을 달고 집 앞에서 나를 기다리던 나의 첫 차가 생각난다. 1991년 1월에 빨간색 엑셀을 샀다. 많은 사람들이 첫 차는 그냥 중고차를 사서 타고 다니다가 운전에 자신감이 생기면 그때 새 차를 뽑으라고 했지만 나는 처음부터 새 차를 사고 싶었다. 그런데 반짝이는 내 차가 생겼다는 뿌듯함도 잠시, 집 앞에서 나를 기다리는 그 차를 보자마자 내일부터 운전해서 출근을 해야 한다고 생각하니 더럭 겁이 났다.

첫날은 오빠가 조수석에 타고 같이 출근해주기로 했다. 복잡한 출근 시간대를 피하기 위해서 평소보다 두 시간이나 일찍 출발했다. 시동을 걸 때부터 손은 벌벌 떨렸고 엑셀과 브레이크를 헷갈려서 잘못 밟을까 봐 걱정이었다. 10시간의 도로 연수를 했지만 신호등을 보는 것도 쉽지 않았다.

"다 이렇게 시작하는 거야. 태어날 때부터 운전 잘하는 사람이 어디 있어."

조수석에 앉아서 말은 그렇게 하지만 오빠도 역시 긴장이 되는지 손잡이를 꽉 쥐고 있었다.

가장 어려운 것이 차선을 변경하는 것이었다. 가능하면 차선을 바꾸지 않고 직진으로만 달리려고 했지만 할 수 없이 좌회전과 우회전도 해야 했고 차선도 변경을 해야만 했다. 집에서 8km밖에 안 되는 사무실까지 가는 길이 너무 멀게 느껴졌다. 이렇게 신경이 쓰이고 힘든 운전을 괜히 시작했다는 생각이 스멀스멀 올라왔다.

하루 종일 일이 손에 안 잡히고 집에 갈 일이 걱정이었다. 퇴근시간이 가까워 올수록 초조해졌다.

'저 애물단지를 어떻게 하지. 그냥 주차장에 놔두고 퇴근할까?'

빨간색 차를 구경하려고 같은 부서 사람들이 한 번씩 주차장에 내려갔다가 올라와서는 예쁘다, 멋지다, 곧 시집가겠네 하고 축하해주었지만 사실 기쁘기만 한 건 아니었다. 취소를 할 수만 있으면 반납하고 마음 편하게 사는 게 낫겠다 싶었다. 새 차를 뽑았다고 은행에 있는 모든 사람들에게 커피를 쏘고 축하인사도 들었지만 기쁨보다 걱정이 더 컸다.

퇴근할 때는 같은 방향에 사는 은행 언니가 조수석에 탔다. 지금 생각해도 고맙다. 초보 옆에 앉아서 얼마나 초조했을까마는 언니는 씩씩하게 "괜찮아. 다 할 수 있어. 넌 앞만 보고 가. 다른 차들이 피해 가겠지"하면서 출발하기도 전에 진땀을 흘리고 있는 나를 격려해줬다.

어떻게 어떻게 시내는 잘 빠져나왔는데 상도터널로 들어가는 구간이 압권이었다. 차선이 줄어들면서 차들이 엉키기 시작해서 옆 차에 닿을 것 같고 어떻게 끼어들어야 할지, 뒤에서는 빨리빨리 끼어들라고 빵빵거리는 상황에 완전 멘붕이었다.

할 수 없이 앞쪽 창문을 다 열었다. 왼쪽으로 낄 때는 내가 옆에 차에다 대고 소리를 질렀다.

"선생님, 제가 먼저 갈게요. 제가 초보라서요."

오른쪽은 언니 담당이었다. 언니는 오른팔을 창문 밖으로 내밀고 휘휘 내저으며 소리쳤다.

"우리가 먼저 갈게요."

두 여자가 쇼를 해댔다. 다급해서 지르는 목소리는 얼마나 컸는지.

누가 우리나라 사람들이 양보심이 없다고 하는가. 누가 우리 대한민국 운전자들의 운전 매너가 나쁘다고 하는가! 홍해가 갈라진다는 것이 이런 거구나 하는 생각이 들 정도로 우리 옆이 훤하게 트이기 시작했다. 다들 우리보고 먼저 가라고 손짓도 해주며 기다려주었다. 1991년 1월 10일 저녁 8시쯤 상도터널 앞에서 나에게 길을 양보하셨던 모든 운전 선배님들께 감사한다.

사람이 살아가는 데에는 여러 갈래의 길이 있다. 많은 길 중에 어느 길을 선택하고 언제 어떻게 차선을 바꾸어야 하는지 결정해야 한다. 차선을 잘못 들어서면 빙빙 돌아서 가야 하는 것처럼, 인생을 살아가면서 내가 원하는 곳을 향해 직선코스로 가지 못하고 둘러 둘러 갈 때도 있다.

조금 빨리 가려는 마음으로 잘못된 선택인 줄 알면서도 옆 차선을 선택하는 경우도 있고, 주변 사람들의 도움으로 내가 가는 길이 훤하게 트일 수도 있다. 그러나 어떻게 알 수 있겠는가? 주변에 있는 사람이나 나를 둘러싼 상황이 나를 도와줄는지 아니면 떡하니 가로막고 꿈쩍도 하지 않을지를 겪어보지 않고서는 알 수가 없다.

이제까지 살아온 인생을 되돌아보니 차선을 변경하고 싶은 경우들도 있었다. 변경하지 않으면 더 이상 앞으로 나아갈 수 없는 경우도 있었다. 그대로 쭉 1차선으로 그냥 달리면 되는데 괜히 불안한 마음에 2차선으로 물러나 삶에서 추월을 당한 적도 있었다. 달리다 보니 막다른 골목이어서 할 수 없이 되돌아 나온 적도 있었다.

328

그러나 생각해보면 이렇게 달린다는 것은 나에겐 아직 가야할 목적지가 있다는 것이다. 이렇게 계속 달리고 있는 것은 내가 아직 도달할 그 목적지를 기억하고 있고 거기에 도착하기 위해서 지금 쉬지 않고 가는 중이라는 것이다. 그 목적지에 빨리 가고 싶어 무리할 때도 있고, 가는 길에 대한 확신이 없어서 차선을 이리저리로 자꾸 바꾸기도 하지만 멈추지만 않는다면 언젠가는 목적지에 무사히 성공적으로 도착할 것이다.

이제 또 다른 나만의 길을 떠나려고 하니 차를 처음 운전하는 사람처럼 초조하고 긴장이 된다. 내비게이션에 새로운 목적지를 입력하고, 고속도로를 경유할지 국도로 갈지 경로를 선택해야 한다. 나는 이제까지 인생이란 길을 떠나며 정해진 목적지를 향하여 달리면서 어떤 기준에 따라서 경로를 선택하고 차선을 바꾸었던가? 나를 목적지로 안내해주는 내비게이션은 무엇인가?

나의 내비게이션은 '상식'이라는 친구였다. 나는 가능하면 모든 것을 상식적으로 판단하려고 노력해왔고 그 덕분에 지금까지 잘 살아왔다. 이제까지 살면서 경험한 것을 바탕으로 상식적으로 판단하고 그대로 행동한다면 지금까지 살아온 대로 주변 사람들과 잘 어울리며 행복하게 살 수 있다고 믿는다.

가끔씩은 내비게이션을 업데이트해야 한다. 책을 읽고 사람들과 대화를 하면서 나의 상식이 구식이 되지 않도록 노력해야 한다. 폭풍우가 몰아치는 어두운 밤에도 최신식으로 업데이트된 나의 내비게이션이 알려주는 대로 달리다 보면 목적지에 안전하게 도착할 것이다.

부탁한다. 나의 내비게이션! 출발이다! *

지금에 만족하며 편안하게 안주하는 범위에서 벗어나서
바깥 세상에 관심을 갖기를 추천한다.
당신만의 전문 분야를 체계적으로 정리하기를 권한다.
그것이 당신의 힘이 되고 사람을 끌어당기는 매력 포인트가 된다.
사람들은 당신을 찾아와서 곁에 머무르고 싶어 할 것이다.

나는 샌프란시스코로 출근하고 서울로 퇴근한다

초판 1쇄 인쇄 2020년 6월 20일
초판 1쇄 발행 2020년 6월 26일

지은이 유성희
펴낸이 이태선
펴낸곳 창작시대사

등록번호 제2-1150호(1991년 4월 9일)
주소 경기도 고양시 덕양구 행주로 83번길 51-11(행주내동)
전화 031-978-5355 **팩스** 031-973-5385
이메일 changzak@naver.com

ISBN 978-89-7447-229-0 03190